TRAMPOLINE

Fichier d'apprentissage du code

CP

NOUVELLE ÉDITION 2020

Alain Bondot
Maitre formateur

Christine Chevrier
Maitre formateur

Gisèle Hosteau
Conseillère pédagogique

Cécile Mérigeau
Professeure des écoles

Mon nom :

Cet ouvrage est conforme à la nouvelle orthographe
www.orthographe-recommandee.info

Nathan

Présentation du fichier

1 Dans chaque période, des **unités** pour travailler les graphèmes.

Une **entrée par le graphème** et son modèle d'écriture.

Le **mot-repère**.

Discrimination visuelle : reconnaitre le graphème étudié parmi des intrus, dans des syllabes, puis dans des mots.

Un entrainement à la **combinatoire**.

Un entrainement au **geste d'écriture**. Il peut être prolongé par un travail dans le cahier du jour.

Des exercices de **discrimination auditive**.

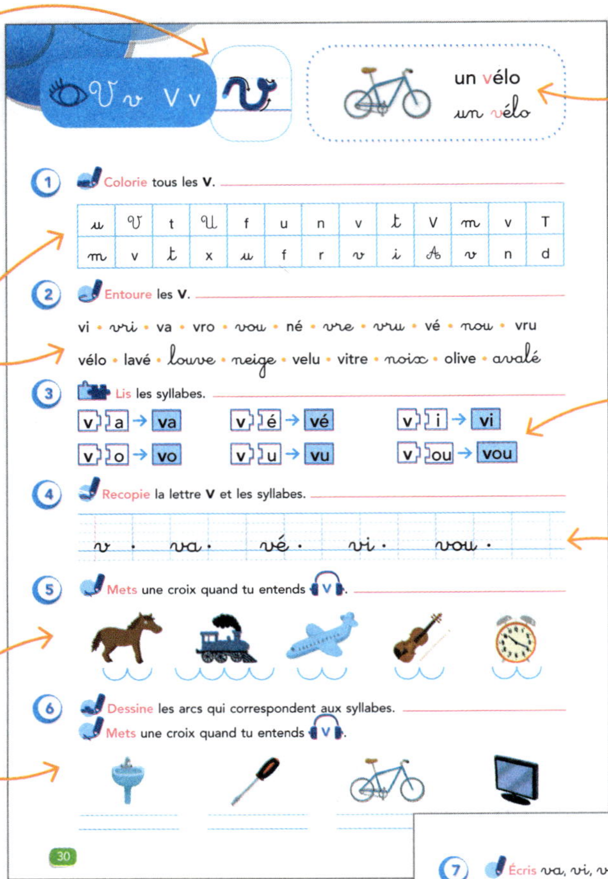

Un **encodage** régulier de syllabes, puis de mots.

Dictée muette : écrire le mot dicté en s'aidant des mots-repères.

Exercice libre de création de mots à partir de syllabes, en individuel ou en ateliers.

À la fin de chaque unité, une rubrique pour s'entrainer à lire régulièrement des **syllabes**, des **mots**, des **phrases** puis des **textes** courts **entièrement décodables**. Cette rubrique est reprise pour la lecture du soir et sert également de support pour les dictées.

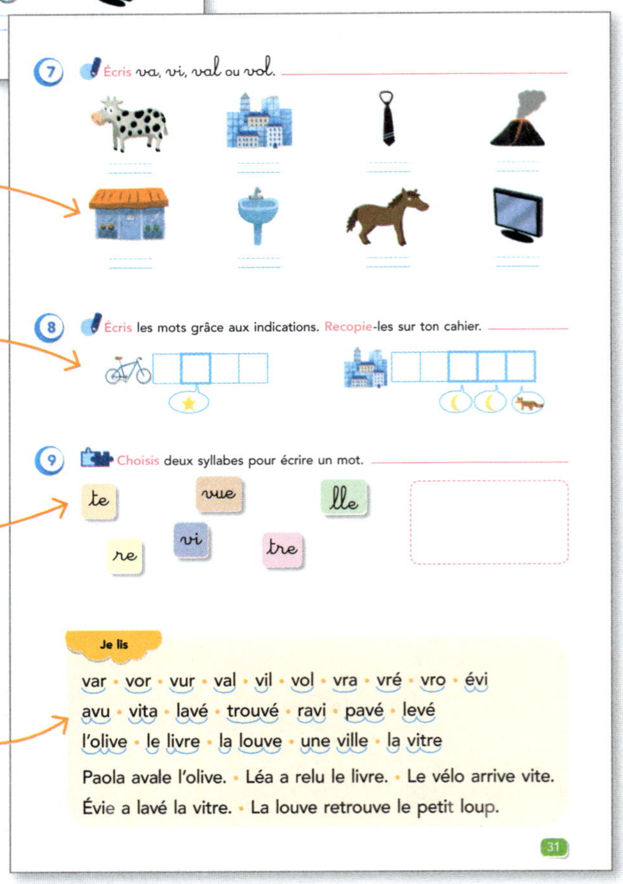

ISBN 978-2-09-124345-0

2 À la fin de chaque période, une double page de **bilan** :

Bilan 2

1 Écris les lettres dictées.

2 Écris les syllabes dictées.

3 Complète les mots.

la vali... le ra... le sa... la ra...

le pan... le ... ron le ... teau le ... val

4 Écris les mots correspondant aux dessins. Tu peux t'aider des syllabes.

meau di cha no re mon sau tre

le ... le ... la ...

52

Dictées des graphèmes étudiés, puis des syllabes.

Écriture de syllabes et de mots à partir de dessins.

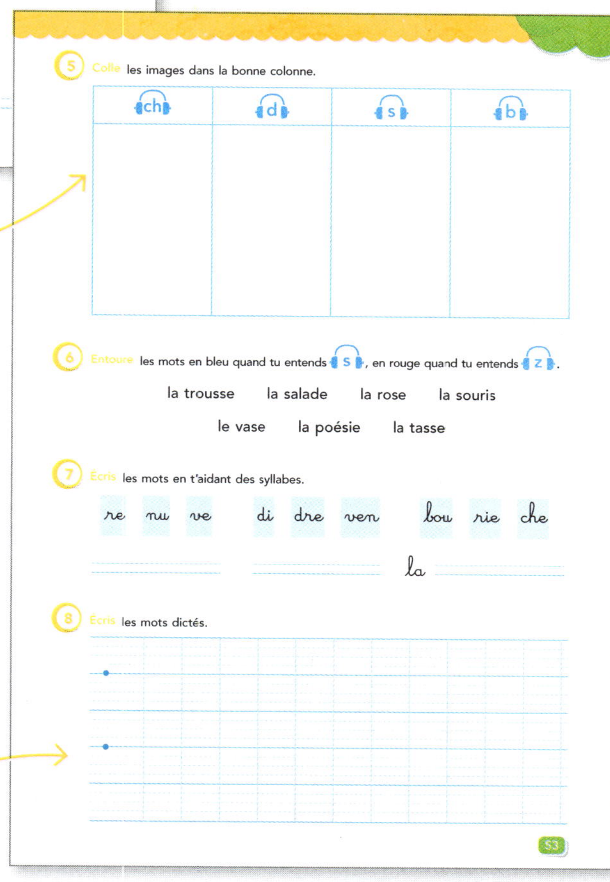
5 Colle les images dans la bonne colonne.

ch	d	s	b

6 Entoure les mots en bleu quand tu entends s, en rouge quand tu entends z.

la trousse la salade la rose la souris

le vase la poésie la tasse

7 Écris les mots en t'aidant des syllabes.

re nu ve di dre ven bou rie che

la ...

8 Écris les mots dictés.

53

Classement des graphèmes : les images à coller (autocollants) sont proposées à la fin du fichier.

Dictée finale reprenant des mots de la période et des mots encodables.

3 À la fin du fichier, des pages de **consolidation** portant sur les **difficultés** les plus fréquemment rencontrées.

4 Dans le fichier à photocopier, des fiches d'**entrainement à la fluence**.

- À télécharger sur le site trampoline.nathan.fr :
  - les affiches des mots-repères,
  - les fiches de lecture du soir,
  - les étiquettes à manipuler (combinatoire),
  - les bilans modifiables.

Sommaire

A a A a
à â à â

a

un ananas

un ananas

1 Colorie tous les **a**.

A	t	Cl	r	d	d	a	m	a	o	cl	A	d
o	a	M	f	z	A	b	d	f	g	b	u	f

2 Entoure les **a**.

la • pla • fa • lo • na • vu • ha • mal • pon • far • dra • pas

salade • panne • caméra • hache • tartine • marmelade

3 Recopie la lettre **a**.

a

4 Mets une croix quand tu entends a.

5 Dessine les arcs qui correspondent aux syllabes.
Mets une croix quand tu entends a.

Je lis

a A à A A â a a A a A â à

I i I i

i

une île
une île

1 Colorie tous les **i**.

i	*I*	t	Cl	i	v	*i*	*a*	j	a	cl	I	*d*
j	r	*i*	*I*	f	*F*	*i*	i	t	j	*b*	i	I

2 Entoure les **i**.

mi • *pli* • fi • lu • ni • *va* • ji • dri • pu • fi • li

livre • vie • hiver • *fine* • *cinéma* • pie • *tartine* • joli

3 Recopie la lettre **i**.

i

4 Mets une croix quand tu entends [i].

5 Dessine les arcs qui correspondent aux syllabes.
Mets une croix quand tu entends [i].

Je lis

i *a* *I* a *A* *i* *I* *à* *A* i *a* â I

U u U u

une usine

une usine

1 Colorie tous les **u**.

J	u	C	F	v	u	u	k	n	a	l	T	A
n	t	u	f	U	i	A	U	v	j	u	n	u

2 Entoure les **u**.

mu • du • li • ur • tur • fa • bu • rul • fru • uma • pro

lune • rue • plume • tortue • bulle • minute • crue

3 Recopie la lettre **u**.

u

4 Mets une croix quand tu entends **u**.

5 Dessine les arcs qui correspondent aux syllabes.
Mets une croix quand tu entends **u**.

Je lis

u i a U à I A u i u a â i u U a u J u

L l L l

l

une lune

une lune

1 Colorie tous les l.

t	L	t	C	C	v	l	f	k	S	l	b	T
b	r	l	x	f	C	i	L	i	l	t	f	i

2 Entoure les l.

li • ta • rol • tu • le • lar • lur • al • il • lé

lilas • lune • la • les • le • elle • bel • malade

3 Lis les syllabes.

l a → la   l i → li   l u → lu

a l → al   i l → il   u l → ul

4 Recopie la lettre l et les syllabes.

l . la . li . lu . al . il .

5 Mets une croix quand tu entends l.

6 Dessine les arcs qui correspondent aux syllabes.
Mets une croix quand tu entends [l].

7 Écris *li*, *la* ou *lu*.

8 Choisis deux lettres pour écrire une syllabe.

l *u* *i* *a*

Je lis

la • lu • li • al • il • ul • ali • ilu • alu • ala

lilas • Lulu • Lili • Lili a lu. • Il lit.

O o O o

une olive
une olive

1 Colorie tous les **o**.

e	u	O	f	F	o	a	a	T	a	b	o	t
j	t	O	C	O	U	O	u	d	j	f	i	a

2 Entoure les **o**.

mo • ro • po • da • tor • uro • os • op • la

moto • tomate • polo • pot • Malo • loterie • porte

3 Lis les syllabes.

l o → lo   o l → ol

4 Recopie la lettre **o** et les syllabes.

o . . . lo . . . ol . . .

5 Dessine les arcs qui correspondent aux syllabes.
Mets une croix quand tu entends o.

Je lis

a • i • a • o • u • O • i • l • o • i • u • o • à

lo • la • lu • li • ol • al • il • ul • luli • alo • oli • lalu

allo • ilot • Lola a lu.

É é É é

une étoile
une étoile

1 Colorie tous les **é**.

é	f	B	r	é	d	e	E	m	e	é	l	è
E	è	x	é	z	A	ê	t	É	f	b	é	E

2 Entoure les **é**.

lé • plé • ma • lo • na • vé • ha • gé • pé • fé

fusée • pédale • blé • cinéma • élève • fée • énervé

3 Lis la syllabe.

l é → lé

4 Recopie la lettre **é** et la syllabe.

é . . . . . lé . . . . .

5 Dessine les arcs qui correspondent aux syllabes.

Mets une croix quand tu entends é.

Je lis

a • é • A • i • o • â • u • é • a • à • I • E

lé • la • li • lo • lé • lu • al • il • ul • alé • élo • éla • éli

allée • olé ! • Léa • Ali a élu Léo.

R r R r

une rue

une rue

1 Colorie tous les **r**.

R	r	B	R	H	R	B	r	n	R	t	I
l	r	n	r	m	R	r	n	t	L	n	r

2 Entoure les **r**.

ra • ru • or • ré • ir • li • ar • plu • cra • tor

Riri • rat • lard • orée • finir • récréation • ira

3 Lis les syllabes.

r a → ra   r u → ru   r i → ri   r o → ro

a r → ar   u r → ur   i r → ir   o r → or

4 Recopie la lettre **r** et les syllabes.

r . ra . ré . ri . ru . or .

5 Mets une croix quand tu entends r.

6 **Dessine** les arcs qui correspondent aux syllabes.
Mets une croix quand tu entends r.

7 **Écris** *ra*, *ar*, *ri*, *ro*, *or* ou *ru*.

8 **Choisis** des lettres pour écrire des syllabes.

a *i* *u* *l*
é *r* *o*

Je lis

ra • ré • ro • ri • ru • ar • ir • or • ur • réa • lié • éli

il rira • il lira • il a réélu • il élira

la rue • lard • l'or • la ruée • riz • rat • ré • Il a relié.

Riri a lu. • Éli a relu. • Il a râlé. • Léa a ri. • Ali a réélu Léo.

F f F f

une fusée

une fusée

1 Colorie tous les f.

a	F	F	l	f	L	l	é	F	A	i	U	f
F	o	C	l	a	f	R	O	é	R	f	F	F

2 Entoure les f.

fa • fu • of • lé • if • fi • al • plu • flo

Fifi • fut • fard • forêt • finir • affaire • enfant

3 Lis les syllabes.

f a → fa   f é → fé   f i → fi   f o → fo

f u → fu   a f → af   i f → if   o f → of

4 Recopie la lettre f et les syllabes.

f . fa . fé . fi . fo . fu .

5 Mets une croix quand tu entends f.

6 Dessine les arcs qui correspondent aux syllabes.
Mets une croix quand tu entends f.

7 Écris *fa, fi, fo, fu, fé* ou *fri.*

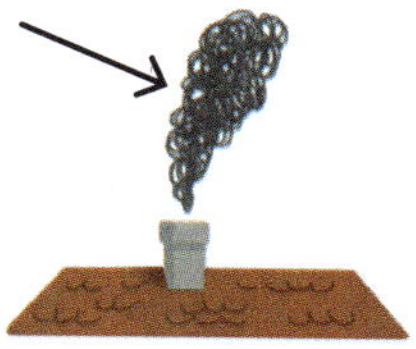

8 Choisis des lettres pour écrire des syllabes.

a · i · u · l · é · r · o · f

Je lis

fa • fé • fi • fo • fu • af • if • of • uf • fal • fil • fol • ful

fla • flé • fli • flu • fra • fré • fri • fru • offu • fira • rafu

la fée • la furie • Fifi • férié • fort • la folie

Fifi, la fée affolée, a filé.

T t T t

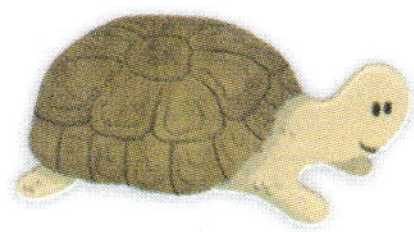

une tortue
une tortue

1 Colorie tous les **t**.

t	J	t	T	f	v	f	j	T	l	b	T	t
j	r	t	x	T	F	A	t	d	t	f	i	T

2 Entoure les **t**.

ti • tri • ta • tro • fi • té • tir • fru • tra • tu • di

flute • tapis • toupie • tartine • gentil • trois • petite

3 Lis les syllabes.

t a → ta   t é → té   t i → ti

t o → to   t u → tu   t r i → tri

4 Recopie la lettre **t** et les syllabes.

t . ta . ti . to . tu . té .

5 Mets une croix quand tu entends **t**.

6 Dessine les arcs qui correspondent aux syllabes.
Mets une croix quand tu entends t.

7 Écris *ta*, *té*, *ti* ou *tu*.

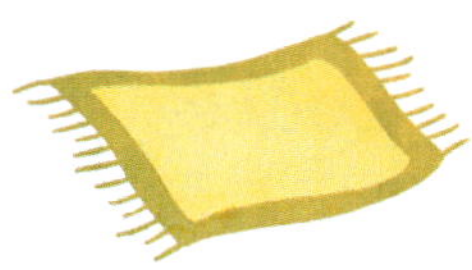

8 Choisis des lettres pour écrire des syllabes.

a *i* *u* *l* *é* *r* *o* *t*

Je lis

tar · tir · tor · tra · tré · tri · tru · tro

tari · taté · lité · futé · tulé · lati · tali

la tata · la tortue · talus · frit · loto · tutu

Tatie a trotté. · La fée futée a trop ri. · Téo a raturé.

Ou Ou
ou ou

ou

un loup
un loup

1 Colorie tous les **ou**.

ou	Ou	on	o	uo	OU	ou	on	j	a	b	T	OU
On	r	ou	oi	O	Ou	oi	i	ou	uo	on	io	u

2 Entoure les **ou**.

tou • rou • loi • fou • tour • ton • frou • frou • pou
pour • tout • loupe • folie • poule • flou • trou • pont

3 Lis les syllabes.

l ou → lou   r ou → rou   f ou → fou
t ou → tou   t r ou → trou   f r ou → frou

4 Recopie les lettres **ou** et les syllabes.

ou · lou. rou. fou. tou.

5 Mets une croix quand tu entends **ou**.

6 Dessine les arcs qui correspondent aux syllabes.
Mets une croix quand tu entends [ou].

 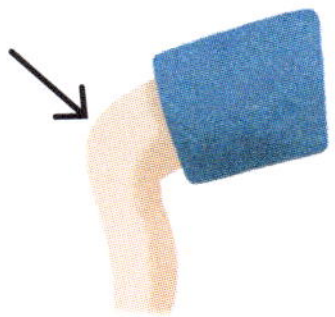  

7 Écris ou ou u.

8 Choisis des lettres pour écrire des syllabes.

a · i · o · l · f · é · r · u · t · ou

Je lis

ou • lou • rou • fou • tou • lour • four • tour • frou • trou

la tour • lourd • retour • loup • flou • roux • touffu

Léa a troué la roue. • Filou a loué la tour.

E e E e

e

un renard

un renard

1 Colorie tous les **e**.

e	t	E	F	E	e	t	E	j	e	l	b	e
b	e	x	E	P	F	é	ô	p	e	t	E	i

2 Entoure les **e**.

pe • ple • te • ré • fe • té • pre • le • lu • pré • re

repas • forêt • robe • élevé • roule • cheminée • pie • rire

3 Lis les syllabes.

l e → le   r e → re   f e → fe

t e → te   t r e → tre   f l e → fle

4 Recopie la lettre **e** et les syllabes.

e . le . re . fe . te .

5 Mets une croix quand tu entends **e**.

6 **Dessine** les arcs qui correspondent aux syllabes.
Mets une croix quand tu entends **e**.

7 **Écris** re, te ou fe.

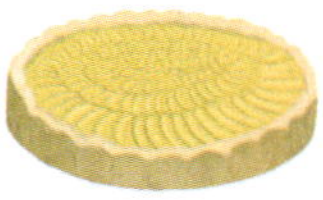

8 **Choisis** des lettres pour écrire des syllabes.

a · i · o · f · u · l · r · é · e · t · ou

Je lis

re • le • fe • te • tre • fre • fle • fera • rela • relo

le refus • le retour • la rature • la foule • il roule

Ali a tout relu, il a raturé. • La roulotte roule.

Léa, affolée, a frôlé le rat. • Le rat a ri.

P p P p

une poule

une poule

1 Colorie tous les **p**.

p	D	f	P	q	p	f	p	j	T	p	b	t
b	x	P	f	P	B	P	i	p	d	j	p	P

2 Entoure les **p**.

pa • pri • da • bro • pi • ti • pir • fru • pu

pli • paquet • robe • poule • drapeau • pie • poli • bas

3 Lis les syllabes.

p a → **pa** p e → **pe** p é → **pé**

p i → **pi** p o → **po** p u → **pu**

4 Recopie la lettre **p** et les syllabes.

p . pa . pu . pi . pour .

5 Mets une croix quand tu entends **p**.

6 **Dessine** les arcs qui correspondent aux syllabes.
Mets une croix quand tu entends p.

  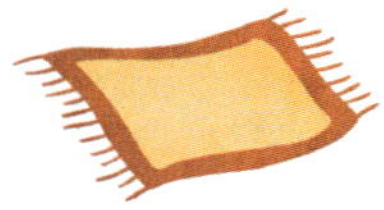 

7 **Écris** *pa*, *pi*, *pou* ou *pal*.

 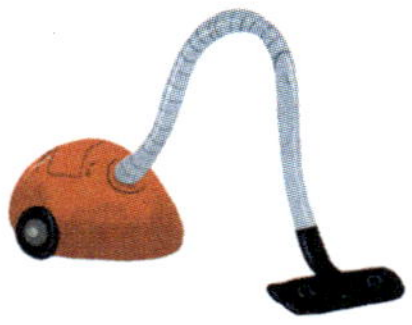  

8 **Choisis** des lettres pour écrire des syllabes.

a *i* *o* *l* *f*

é *r* *e* *u* *t* *p*

Je lis

par • pir • por • pour • pré • pri • prou • pla • pli • plo

la poule • le pilote • papi • la loupe • la pile • le tapis

Papa frappe à la porte • Il parle à la petite Paola.

Il a plu tout l'été. • Paolo a repéré le tapir.

Papi a préparé le repas.

Bilan 1

1 Écris les lettres dictées.

2 Écris les syllabes dictées.

3 Complète les mots.

le ___rapluie

le ___ma

la ___e

le ___bot

la ___

la ___ne

4 Écris les mots correspondant aux dessins. Tu peux t'aider des syllabes.

pou te rou le le pi

la ___

la ___

la ___

5 Colle les images dans la bonne colonne.

r	f	t	p

6 Retrouve les mots dans la grille. Colorie-les.

U	P	F	R	I
F	L	O	U	P
F	I	L	E	I
É	T	É	A	L
P	A	R	L	E

LOUP
PLI
RUE
FIL
ÉTÉ
PARLE
PILE

7 Écris les mots dictés.

M m M m

une maison

une maison

1 Colorie tous les **m**.

p	M	N	f	m	p	m	p	M	l	m	A	n
n	r	M	P	P	M	i	m	d	n	m	m	P

2 Entoure les **m**.

ma • mou • nan • mi • im • mir • nu • mu • mar • nir • mor

amour • mou • nappe • rime • mare • monte • mire • ronde

3 Lis les syllabes.

m a → ma   m é → mé   m i → mi

m o → mo   m u → mu   m ou → mou

4 Recopie la lettre **m** et les syllabes.

m • mé • ma • mi • mou •

5 Mets une croix quand tu entends **m**.

6 Dessine les arcs qui correspondent aux syllabes.
Mets une croix quand tu entends **m**.

7 Écris ma, mi ou mu.

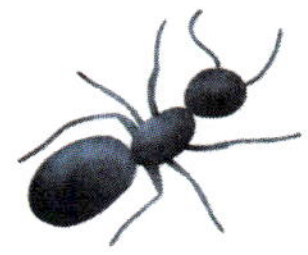

8 Écris les mots en t'aidant des syllabes.

me ra

la ______

ri ma

le ______

mou le

la ______

9 Choisis deux syllabes pour écrire un mot.

mi me ri ma a ra

Je lis

mar • mir • mor • mour • ima • imi • ami • mima

le mur • l'amour • la mamie • le mari • la lime

le lama • le mât • la mare • la moule

Marta part à Rome, affirme Mila. • Émilie lime la rame.

Malo a préparé le moule à tarte.

V v V v

un vélo

un vélo

1 Colorie tous les **v**.

u	V	t	U	f	u	n	v	t	V	m	v	T
m	v	t	x	u	f	r	v	i	A	v	n	d

2 Entoure les **v**.

vi • vri • va • vro • vou • né • vre • vru • vé • nou • vru

vélo • lavé • louve • neige • velu • vitre • noix • olive • avalé

3 Lis les syllabes.

v a → va   v é → vé   v i → vi

v o → vo   v u → vu   v ou → vou

4 Recopie la lettre **v** et les syllabes.

v • va • vé • vi • vou •

5 Mets une croix quand tu entends [v].

6 Dessine les arcs qui correspondent aux syllabes.
Mets une croix quand tu entends [v].

7 Écris *va*, *vi*, *val* ou *vol*.

8 Écris les mots grâce aux indications. Recopie-les sur ton cahier.

9 Choisis deux syllabes pour écrire un mot.

te *vue* *lle*

re *vi* *tre*

Je lis

var • vor • vur • val • vil • vol • vra • vré • vro • évi

avu • vita • lavé • trouvé • ravi • pavé • levé

l'olive • le livre • la louve • une ville • la vitre

Paola avale l'olive. • Léa a relu le livre. • Le vélo arrive vite.

Évie a lavé la vitre. • La louve retrouve le petit loup.

Ch Ch
ch ch

ch

un chat
un chat

1 Colorie tous les **ch**.

ch	cr	th	ph	ch	cu	ch	cé	ce	C	Ch	cv	CH
cr	v	c	ph	u	ch	r	v	ci	Ch	i	n	d

2 Entoure les **ch**.

chi • ach • cha • cro • chu • ache • chou • lé • chur • lo
écrou • char • achat • torche • fille • attaché • louche

3 Lis les syllabes.

ch a → cha   ch é → ché   ch i → chi
ch o → cho   ch u → chu   ch ou → chou

4 Recopie les lettres **ch** et les syllabes.

ch • ché • cha •
chi • chu • chou •

5 Dessine les arcs qui correspondent aux syllabes.
Mets une croix quand tu entends **ch**.

6 Écris cho, chu, cha ou che.

7 Écris les mots grâce aux indications. Recopie-les sur ton cahier.

8 Choisis deux syllabes pour écrire un mot.

pa · val · te · ra · che · ru · chu

Je lis

char • chou • rachi • écha • oché • iché • acha • rechi

le charriot • la louche • riche • la chute • le parachute

la vache • la mouche • la ruche • la poche • le chapitre

le chiffre • le chat • la torche • touché • lâché

Charlotte a attaché la vache. • Sacha a chuté.

Fari approche le cheval. • Lila a troué la poche.

au au eau eau

une auto

un veau

1 Colorie **au** en rouge et **eau** en bleu.

au	an	Au	am	m	eau	ou	Au	au	a	Au	au	eau
an	au	on	eau	Eau	an	ou	ao	eau	Au	eau	Au	m

2 Entoure **au** en rouge et **eau** en bleu.

lau • rau • fou • teau • pau • meau • chau • feau • chou • leau

chapeau • bijou • vautour • aurore • peau • autoroute • autruche

3 Lis les syllabes.

l au → lau   r au → rau   f au → fau

p eau → peau   m eau → meau

4 Recopie les lettres **au**, **eau** et les syllabes.

au eau lau reau peau

5 Dessine les arcs qui correspondent aux syllabes.

Mets une croix quand tu entends o.

6 Écris tau, vau ou au.

7 Écris meau, pau ou deau.

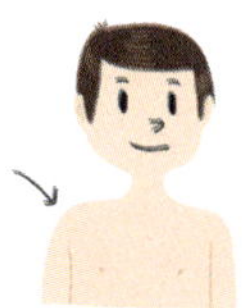  

8 Écris les mots grâce aux indications. Recopie-les sur ton cahier.

9 Choisis deux syllabes pour écrire un mot.

au · te · reau · tau · to · fau

Je lis

mau · vau · chau · tau · teau · meau · peau · veau

éteau · valau · umeau · échau · auré · érau

le marteau · l'auto · l'artichaut · la taupe · le chameau

chaud · haut · la peau · le taureau · le vautour · l'eau

le chapeau · l'épaule · le poteau · le fauve · la faute

Paul a mis le chapeau mauve. · L'auto roule trop vite.

L'autruche a vu la taupe. · Laure a pris le petit râteau.

Bb Bb

un bébé

un bébé

1 Colorie tous les **b**.

b	J	d	B	f	F	q	l	b	f	k	j	B
j	r	t	x	B	f	r	F	i	A	i	b	d

2 Entoure les **b**.

bor • ba • oubé • éb • lou • bé • bi • bo • fi • bu • aubi

bambou • feuille • bouton • paquebot • biberon • enlever

3 Lis les syllabes.

b a → ba   b e → be   b i → bi

b o → bo   b u → bu   b ou → bou

4 Recopie la lettre **b** et les syllabes.

b   ba   bi   bé   bou   bra   blé

5 Dessine les arcs qui correspondent aux syllabes.

Mets une croix quand tu entends **b**.

6 Écris *ba, bi, bo, bou* ou *bleau.*

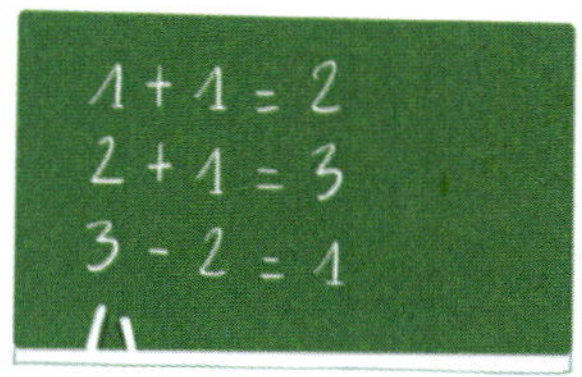

7 Écris les mots grâce aux indications. Recopie-les sur ton cahier.

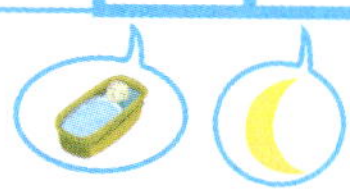

8 Choisis deux syllabes pour écrire un mot.

bo *che* *bi* *bou* *va* *la* *bu*

Je lis

bou • ab • ib • ob • éb • bra • bré • bri • bru • brou

bla • blé • bli • blou • baumé • tablé • abor • ruba

le lavabo • la brume • bouché • le bureau • le bateau

bravo • la table • le blé • le tableau • la biche • beau

Sur le bateau, le bébé rit. • La boule roule vite.

Le boa a avalé la barbe à papa.

Bob a trouvé le tableau pour Babou, bravo !

Nn Nn n

un nid

un nid

1 Colorie tous les **n**.

b	n	B	N	q	l	b	j	n	a	T	B	n
N	r	x	B	N	F	i	N	d	j	N	u	T

2 Entoure les **n**.

ni • mau • na • né • no • mu • nu • nous • neau • mou

Noémie • Nini • minime • énorme • boutonné • année • animal

3 Lis les syllabes.

n a → **na** | n é → **né** | n i → **ni**

n u → **nu** | n ou → **nou** | n eau → **neau**

4 Recopie la lettre **n** et les syllabes.

n na ni ne no né nou nau

5 Dessine les arcs qui correspondent aux syllabes.
Mets une croix quand tu entends n.

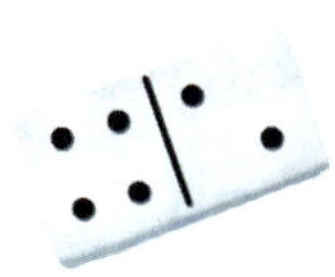

6 Écris na, ni, no, ne ou nou.

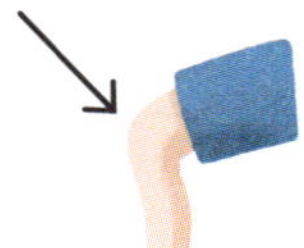

7 Écris les mots grâce aux indications. Recopie-les sur ton cahier.

8 Choisis des syllabes pour écrire un mot.

ni · nou · a · me · nu · mal · veau

Je lis

nal • nar • naf • nap • nour • nir • nil • luni • puni • pino

mani • muni • mené • menu • liné • pané • chiné

une banane • la panne • la lune • l'âne • l'animal

le renard • une niche • le nid • l'anneau • le piano

Nino rame vite. • La nounou nourrit le bébé.

Mina a puni Noémie. • La moto a une panne.

Léna a lu le menu. • Noé a mis la nappe.

D d D d

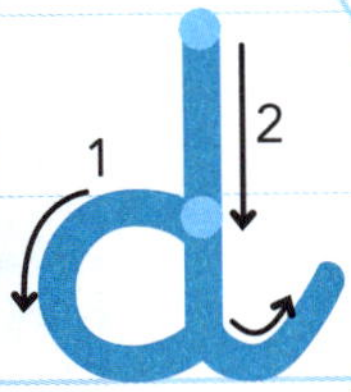

un domino

un domino

1 Colorie tous les **d**.

b	n	d	B	N	F	o	d	b	p	D	e	n
D	r	t	x	D	f	d	F	i	A	i	b	d

2 Entoure les **d**.

di • ab • deau • da • id • éd • dé • bo • du • dou • ud • od

douze • salade • rond • gourmandise • bavarde • livide • débiter

3 Lis les syllabes.

d a → da   d e → de   d i → di

d u → du   d ou → dou   d eau → deau

4 Recopie la lettre **d** et les syllabes.

d   da   di   dou   dau   deau

5 Dessine les arcs qui correspondent aux syllabes.
Mets une croix quand tu entends **d**.

6 Écris da, di, do ou dou.

7 Écris les mots grâce aux indications. Recopie-les sur ton cahier.

8 Choisis deux syllabes pour écrire un mot.

pa ri ra pi deau de dis

Je lis

deau • ad • dri • dru • drou • dra • dre • dor • dur • édi
dodu • dédi • dadi • duré • tradu • tordu • prédi
le dé • mardi • adoré • dodu • madame • la parade
le rideau • la maladie • le départ • la dorade • le radeau

Mardi, Ludivine a pris les dés de David. Il a boudé.
Nadine a donné une tarte aux dattes à Dora.
« À la douche, dit papa. Tire le rideau ! »
Le chat dodu a diné, il dort.

an an
am am

une ancre

une ampoule

1 Colorie tous les **an** en rouge et les **am** en bleu.

an	om	An	om	m	am	Au	an	a	An	m	au	am
on	am	on	au	An	em	om	en	Am	e	a	An	m

2 Entoure les **an** en rouge et les **am** en bleu.

lan • ram • fan • an • dan • man • nan • bam • chan

fantôme • kangourou • pantin • champignon • étang

3 Lis les syllabes.

l an → lan   r an → ran   f an → fan

d an → dan   p an → pan   b an → ban

4 Recopie les lettres **an**, **am** et les syllabes.

an am ran fan man cham

5 Dessine les arcs qui correspondent aux syllabes.

Mets une croix quand tu entends **an**.

6 Écris dan, man ou pan.

7 Entoure la lettre qui suit **am** dans les mots suivants.

chambre • lampe • tambour • champ • ampoule

Écris ces lettres : ______ ______

8 Entoure les mots quand tu entends [an]. Colorie les lettres qui font ce son.

lampe • flamme • landau • panne • dame • demande • bambou

9 Écris les mots grâce aux indications. Recopie-les sur ton cahier.

10 Choisis des syllabes pour écrire un mot.

di • man • che • ram • lam • ma • pe

Je lis

tan • pam • man • nan • dan • échan • anti • ampli • tiran

le ruban • le rang • une lampe • une ampoule • le banc

le chant • blanche • dedans • une demande • avant

Léa a pris le manteau blanc, Ambre a pris le bandeau doré.

La lampe ne marche plus, Antonio la répare.

Dimanche, le panda ira dans le champ de bambous.

Éline a déchiré le ruban attaché au chapeau de Maman.

en em

en en
em em

une **en**veloppe

un **em**ballage

1 Colorie tous les **en** en rouge et les **em** en bleu.

en	om	om	m	em	Am	en	a	En	au	em	a
an	em	au	En	am	om	en	Em	e	En	m	in

2 Entoure les **en** en rouge et les **em** en bleu.

len • rem • fen • ten • den • men • nen • bem • chen

dentelle • cendre • temps • lenteur • sentir • rempart

3 Lis les syllabes.

l + en → len   r + en → ren   f + en → fen

p + en → pen   m + en → men   t + en → tem

4 Recopie les lettres **en**, **em** et les syllabes.

en em len fen rem men tem

5 Dessine les arcs qui correspondent aux syllabes.

Mets une croix quand tu entends **en**.

  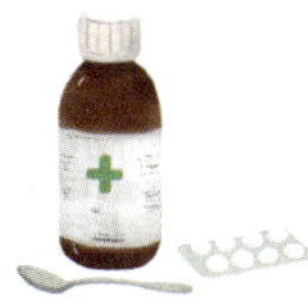 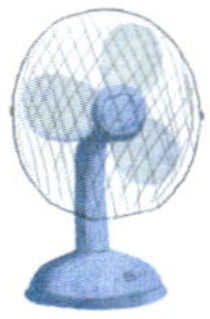

6 Complète les mots avec den, ten ou pen.

 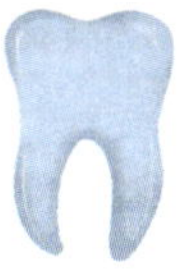 

la ______dule   la ______t   la ______te

7 **Entoure** la lettre qui suit **em** dans les mots suivants.

tremble • emporte • emballe • rempart • embourbé • empâté

Écris ces lettres : ______ ______

8 **Entoure** les mots quand tu entends [en]. **Colorie** les lettres qui font ce son.

cheminée • température • venir • vent • avenue • entrée

9 **Écris** les mots grâce aux indications. **Recopie**-les sur ton cahier.

30

10 **Choisis** des syllabes pour écrire un mot.

te • ven • ten • tre • dre • di • pen

Je lis

tren • pren • trem • tempé • vendi • emba • entré • penti

le rempart • la pendule • vendredi • l'enfant • pendant

la température • il ment • une tente • le vent • trente

Malo dort dans la tente. Il entend le vent, il tremble.

Pendant trente minutes, Amal apprend le chant.

Antonio lit la température : il a chaud.

Les enfants ouvrent la porte, ils partent.

S s S s

un sapin

une tasse

1 Colorie tous les **s**.

s	c	S	S	g	s	c	C	C	S	a	s	C
c	c	S	c	r	s	c	S	i	n	j	ch	v

2 Entoure les **s** en rouge et les **ss** en bleu.

sa • os • sé • assu • sau • seau • San • issa • Sam

salade • tresse • hérisson • samedi • assis • aspirateur

3 Lis les syllabes.

s a → sa	s i → si	s o → so
s ou → sou	s au → sau	s eau → seau

4 Recopie la lettre **s** et les syllabes.

s sa si so su se seau

5 Dessine les arcs qui correspondent aux syllabes.
Mets une croix quand tu entends s.

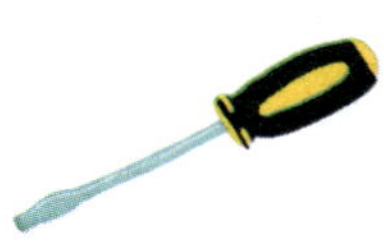

6 Complète les mots avec *sa*, *sar*, *san* ou *sou*.

   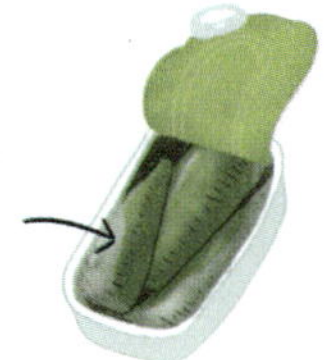

la ______*lade* *la* ______*dale* *la* ______*pe* *la* ______*dine*

7 Écris les mots grâce aux indications. Recopie-les sur ton cahier.

					s

8 Choisis deux syllabes pour écrire un mot.

sa *mou* *trou*

sse *ta* *la* *de*

Je lis

sur • sor • sar • asti • assi • assé • osté • apsu • sali

la soupe • l'as • la salle • la souris • du sirop • salir

la trousse • du tissu • la mousse • le lasso • la tasse

il tousse • il pousse • il passe • il saute • il sourit

Nina ramasse sa trousse sur le tapis.

Papi tousse, il avale du sirop. • L'ours attrape une sardine.

Le renard passe devant la souris.

Le vent pousse le parasol, il s'envole. • Orso lit un atlas.

Salomé soupire, sa robe a été salie par Samia.

S s S s
Z z Z z

z

une rose

un zèbre

1 Colorie tous les **S** en rouge et les **Z** en bleu.

S	C	a	n	S	g	L	P	z	k	Z	g	z
Z	f	z	s	E	S	Z	s	s	S	s	z	c

2 Entoure les **S** en rouge et les **Z** en bleu.

za • zo • osa • zi • isan • ze • zou • asu • zan

treize • cerise • arrosoir • zoo • fusée • zéro • usine

3 Lis les syllabes.

z a → za | z o → zo | o s e → ose

z ou → zou | z au → zau | z an → zan

4 Recopie la lettre **Z** et les syllabes.

z za zé zi zo zou ze

5 Dessine les arcs qui correspondent aux syllabes.
Mets une croix quand tu entends z.

   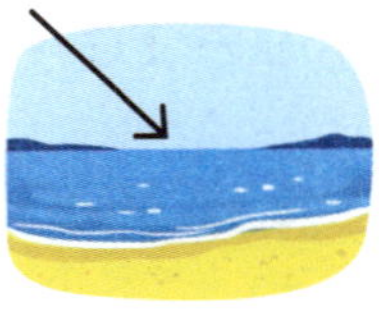

6 **Entoure** en bleu la lettre qui est avant **s** et en rouge celle qui est après **s**.

une usine • une valise • le bisou • le musée • le dinosaure • une chose

Écris ces lettres : ___ ___ ___ ___ ___ ___ ___ ___

7 **Complète** les mots avec *s* ou *ss*.

une chau___ure *le ti___u* *une fu___ée*

une ro___e *le va___e* *une ta___e*

8 **Écris** les mots en t'aidant des syllabes.

mi *se* *che* *ne* *si* *u* *no* *di* *sau* *re*

la ________ *l'* ________ *le* ________

9 **Écris** les mots grâce aux indications. **Recopie**-les sur ton cahier.

12 ☐☐☐☐☐

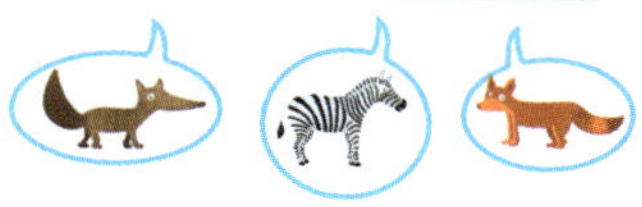

 ☐☐☐☐☐☐

10 **Choisis** des syllabes pour écrire un mot.

ze *sou* *se* *bi* *dou* *zé* *ro*

Je lis

s → le musée • le bisou • une fusée • une usine
une valise • une rose • le vase • une poésie
une chemise • le dinosaure • une visite

z → le lézard • zéro • douze • le zoo • une zone
bizarre • le zébu • l'azur • le bazar

Au zoo, Lise a vu le lézard zébré. • Zoé arrose les roses.
Zélie prépare sa valise pour partir à Zanzibar.
Avant, Zélie a ramassé le bazar dans sa chambre.

on on
om om

on

un poisson

un pompier

1 **Colorie** tous les **on** en rouge et les **om** en bleu.

ai	on	o	On	ou	uo	on	V	om	On	an	V	Om
om	v	ou	x	Om	f	Ou	on	i	d	t	om	u

2 **Entoure** les **on** en rouge et les **om** en bleu.

von • ton • lom • mon • pon • tom • chon • ron

pompier • long • tomber • bonbon • boum • don

3 **Lis** les syllabes.

l on → lon r on → ron f on → fon

v on → von m on → mon t om → tom

4 **Recopie** les lettres **on**, **om** et les syllabes.

on om lon ron fom pom von

5 **Dessine** les arcs qui correspondent aux syllabes.

Mets une croix quand tu entends on.

6 **Complète** les mots avec ron, ton ou lon.

le panta______ le bibe______ le bou______

7 **Entoure** la lettre qui suit **om** dans les mots suivants.

une pompe • une trompe • une ombre • le trombone • le pompon

Écris ces lettres : ______ ______

Écris on ou om : *le m______de* *le bateau s______bre*

8 **Entoure** les mots quand tu entends [on]. **Colorie** les lettres qui font ce son.

savon • trompe • pomme • anémone • bouton • tonne • baluchon

9 **Écris** les mots grâce aux indications. **Recopie**-les sur ton cahier.

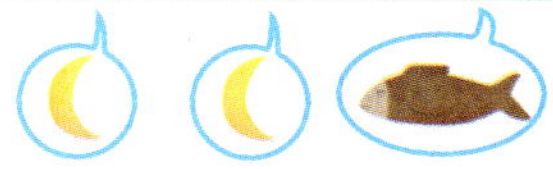

10 **Choisis** des syllabes pour écrire un mot.

pan *bou* *ton* *mou* *lon* *bâ* *ta*

Je lis

ton • pon • don • pom • tom • umon • amon • blon

le biberon • le ballon • le mouton • sombre • une trompe

le marron • le talon • le monde • une montre • le pont

Papa et Lison ont tondu le mouton de Tonton Simon.

Mamie a mis son pull marron sur sa chemise blanche.

« La poule a pondu dans le pré » dit Léon.

Ombeline et Manon font une ronde sur le pont.

Bilan 2

1 Écris les lettres dictées.

2 Écris les syllabes dictées.

3 Complète les mots.

la vali______

le ra______

le sa______

la ra______

le pan______

le ______ron

le ______teau

le ______val

4 Écris les mots correspondant aux dessins. Tu peux t'aider des syllabes.

meau | di | cha | no | re | mon | sau | tre

le ______

le ______

la ______

5 Colle les images dans la bonne colonne.

ch	d	s	b

6 Entoure les mots en bleu quand tu entends s, en rouge quand tu entends z.

la trousse   la salade   la rose   la souris

le vase   la poésie   la tasse

7 Écris les mots en t'aidant des syllabes.

re nu ve   di dre ven   bou rie che

__________   __________   la __________

8 Écris les mots dictés.

eu eu
eur eur

eu

du feu

un danseur

1 Colorie tous les **eu** en rouge et les **eur** en bleu.

Eu	Eur	N	eu	eur	eur	Eu	D	eu	en	eur	B	eu
D	eur	En	eu	d	en	eu	i	b	d	eu	eur	m

2 Entoure les **eu** en rouge et les **eur** en bleu.

leu • deur • peu • fen • jeu • reur • feu • neau • meur

feutre • cheveu • peur • odeur • mentir • deux • feu • facteur

3 Lis les syllabes.

d eu → deu   p eu → peu   m eu → meu

t eur → teur   b eur → beur   l eur → leur

4 Recopie les lettres **eu** et les syllabes.

eu peu meu leur teur deur

5 Dessine les arcs qui correspondent aux syllabes.

Mets une croix quand tu entends eu.

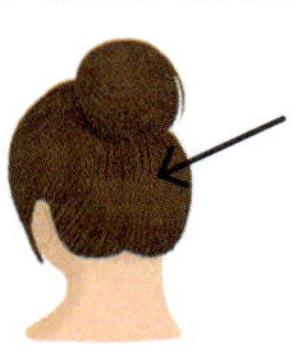

6 Barre l'intrus dans chaque liste.

lumineux • fabuleux • chasseur • lieu

peur • fleur • milieu • danseur

chanceux • ordinateur • heureux

7 **Recopie** les mots dans la bonne colonne.

chaleur • bleu • feutre • peur • lieu • douleur • pneu • odeur

eu	eur

8 **Complète** les mots avec *geur* ou *teur*.

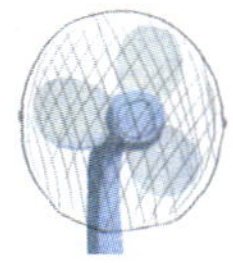

le chan ……… *le plon* ……… *le ventila* ………

9 **Écris** les mots grâce aux indications. **Recopie**-les sur ton cahier.

10 **Choisis** des syllabes pour écrire des mots.

tre *leur* *veu* *dou* *feu* *che*

Je lis

meur • feur • deu • leu • bleu • cheu • pleur • asseur

eu → fleuri • le cheveu • seul • lumineux • fabuleux
peu • la meule • le feutre • l'Europe

eur → dormeur • le dompteur • le danseur • le beurre
la hauteur • la chaleur • l'auteur • la couleur

Samedi, Eulalie a trouvé deux feutres bleus sur le sol.
Fleurine a vu deux fabuleux danseurs.
Eude offre une fleur bleue au chanteur.
Le chasseur a peur de l'émeu. Trop peureux !

G g G g g

une **g**irafe

un bour**ge**on

1 Colorie tous les **g** en bleu et les **ge** en rouge.

g	a	je	G	J	q	ge	j	a	c	Ge	o	q
qe	g	q	a	G	C	a	Q	Ge	p	q	ge	a

2 Entoure les **g** en bleu et les **ge** en rouge.

que • gi • ge • geon • pi • gé • gir • geau

plongeoir • dirigeable • girafe • agir • tique • piégeant

3 Lis les syllabes.

g i → gi   g e → ge   g en → gen

ge on → geon   ge a → gea   ge an → gean

4 Recopie la lettre **g** et les syllabes.

g   ge   gi   gé   gen   geu

5 Dessine les arcs qui correspondent aux syllabes.

Mets une croix quand tu entends [ge].

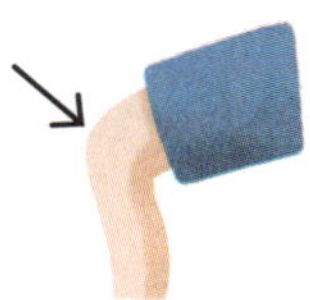

6 Colorie la lettre après chaque **g**. Recopie-les.

le génie • la magie • une tige • le gymnase

7 Colorie la lettre après chaque **ge**. Recopie-les.

le dirigeable • la rougeole • nous plongeons • il nagea

8 **Complète** les mots avec *ge* ou *gi*.

le bour____on

la pla____

le ma____cien

9 **Écris** les mots en t'aidant des syllabes.

geon *plon* → le ____________

ge *o* *ra* → l' ____________

dar *gen* *me* → le ____________

10 **Écris** les mots grâce aux indications. **Recopie**-les sur ton cahier.

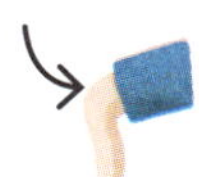

11 **Choisis** des syllabes pour écrire des mots.

gi *lée* *ra* *bou* *ge* *fe*

Je lis

gir • gea • geon • geai • agi • gémi • agen • genda

agir • sage • sauvage • géante • gentil • fragile • la magie
le genou • une page • une image • le nuage • le pigeon
le génie • une génisse • le plongeon • il nage • il plongea

La girafe Gina mange une tige de giroflée sur la plage avec son girafon Gérard.
Georges le nageur plonge dans l'eau, il nage puis il s'allonge sur la plage. Un nuage passe, Georges frissonne, il rentre dans son logis.

g g gu gu

un gâteau

une guitare

1 Colorie tous les **ga** en rouge, les **go** en vert et les **gu** en bleu.

ga	a	j	Ga	Ja	q	gu	go	a	c	Go	o	qu
q	geo	go	a	Ge	Ca	a	Q	Gu	p	gu	gei	ga

2 Entoure les **ga** en rouge, les **go** en vert et les **gu** en bleu.

ga • gu • gea • qu • gi • ju • gui • gan • gon • gou

gorge • garçon • ouragan • légume • gorille • gamme

3 Lis les syllabes.

g a → ga   g u → gu   g o → go

g on → gon   gu e → gue   gu i → gui

4 Recopie la lettre **g** et les syllabes.

g ga go gou gui gan gue

5 Dessine les arcs qui correspondent aux syllabes.

Mets une croix quand tu entends g.

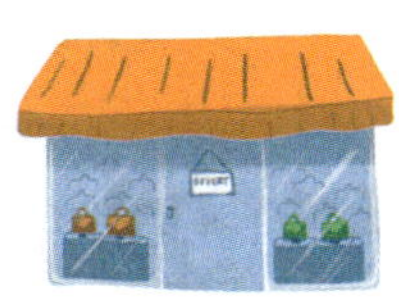

6 Colorie la lettre après chaque **g**. Recopie-les.

garçon • figure • gomme • règle • groupe

7 Colorie la lettre après chaque **gu**. Recopie-les.

guitare • vague • fatigue • guidon • guenon

8 **Complète** les mots avec gu ou g.

le ti_____re

la _____itare

le dra_____on

la ba_____e

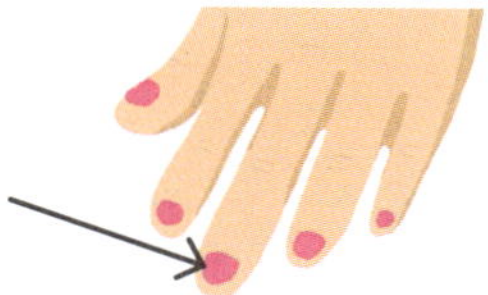
l'on_____le

le _____arçon

9 **Écris** les mots grâce aux indications. **Recopie**-les sur ton cahier.

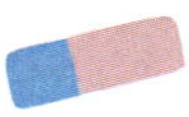 ☐☐☐☐☐

 ☐☐☐☐☐☐

10 **Choisis** des syllabes pour écrire des mots.

gui · de · ba · gue · don · di

Je lis

gué • gran • guir • glou • agru • glon • angli • égron

g → la gomme • le gazon • rigolo • le gout • la gourde
le gâteau • le garage • le gaz • le réglisse • le tigre

gu → guéri • la bague • la fatigue • la vague • la figue
la guitare • le guidon • une blague • déguisé
une guirlande • la guenon • la digue • longue

Gaspard mange son gâteau sur le gazon.
Une grosse mouche se pose sur la figure de Tangui.
Le gâteau a le gout de bonbon au réglisse.

Cc Cc
ç ç

un **c**itron

un gar**ç**on

1 Colorie tous les **c** en rouge et les **ç** en bleu.

ç	o	C	C	e	c	s	C	S	ç	b	C	h
c	ç	S	u	c	s	S	i	n	ch	L	v	C

2 Entoure les **c** en rouge et les **ç** en bleu.

ça • ci • di • cé • ce • çou • çu • go • çau • çan

morceau • ciment • saucisse • maçon • recette • aperçu

3 Lis les syllabes.

c é → **cé** c i → **ci** ç a → **ça**

ç o → **ço** ç u → **çu** ç ou → **çou**

4 Recopie les lettres **c**, **ç** et les syllabes.

c ç ça cé ci ço çon

5 Dessine les arcs qui correspondent aux syllabes.
Mets une croix quand tu entends [s].

 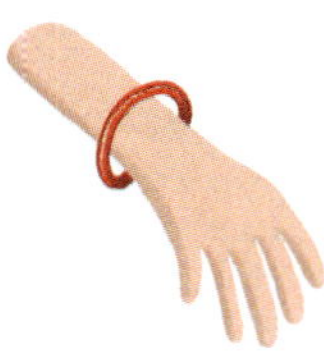  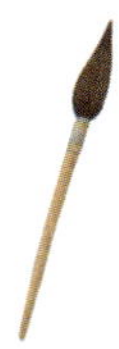 

6 Colorie en bleu la lettre après chaque **c**, en rouge la lettre après chaque **ç**.

le citron • le garçon • le tricycle • le bracelet • le reçu • la façade

Écris ces lettres. c : ___ ___ ___ ç : ___ ___ ___

7 **Complète** les mots avec ce, ci, ça ou çon.

l'ambulan____

la fa____de

le ____néma

le ma____

la lima____

le gar____

8 **Écris** les mots grâce aux indications. **Recopie**-les sur ton cahier.

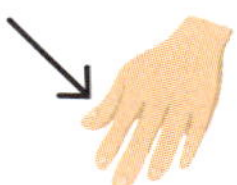

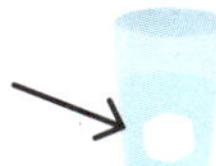

9 **Choisis** des syllabes pour écrire des mots.

gar · ci · ma · tron · çon · le

Je lis

racé • cilo • onceau • aceur • rinçan • açon • açu

c → cent • le pouce • le citron • la place • la sauce
glacé • la force • la cerise • la douceur • la limace

ç → la leçon • le maçon • la façade • déçu • le garçon
le reçu • il a reçu • la façon • le remplaçant • ça

Lucie ne suce plus son pouce. • Le maçon lave la façade. Célia se balance, le garçon la pousse. • Cécile tombe sur une limace. • César a reçu son lanceur de toupie en morceaux, il a été déçu.

Cc Ququ Kk

un **c**artable

une **qu**ille

un **k**oala

1 Colorie tous les **c** en rouge, les **k** en vert et les **q** en bleu.

k	o	C	C	e	g	k	C	K	q	p	C	k
c	k	S	k	q	p	S	i	d	ch	K	v	C

2 Entoure les **c** en rouge et les **qu** en bleu.

ca • qui • qué • que • cou • cru • quo • dan • cran • clu

remarque • quatre • locomotive • cactus • équipe • cravate

3 Lis les syllabes.

c a → ca   c o → co   c u → cu

c ou → cou   qu i → qui   qu an → quan

4 Recopie les syllabes.

ca   ki   cou   can   qua   qui

5 Dessine les arcs qui correspondent aux syllabes.
Mets une croix quand tu entends [k].

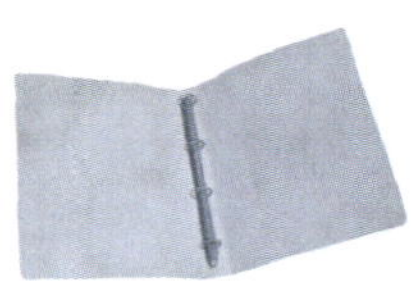

6 Entoure les syllabes dans lesquelles on entend [k].
Puis colorie les lettres qui font ce son.

koala • cochon • cadeau • cactus • cinq • quatre

Écris ces lettres : ____ ____ ____ ____

7 **Complète** les mots avec *ca*, *con* ou *can*.

une ______*ravane* *la* ______*fiture* *un vol*______

8 **Écris** les mots grâce aux indications. **Recopie**-les sur ton cahier.

 ☐☐☐☐☐☐☐☐ t

 ☐☐☐☐☐☐☐

9 **Choisis** des syllabes pour écrire des mots.

deau *ca* *cir* *que* *gou* *rou* *kan*

Je lis

coul • ocu • clan • clou • sac • sec • croqui • quali • kaki

c → du chocolat • la cravate • le haricot • le cartable
la compote • le coq • la confiture • la locomotive

qu → le moustique • quatre • quarante • cinquante
qui • quand • le masque • le paquebot • le cirque

k → le ski • le kimono • le kilo • l'okapi • le koala

Kim adore le chocolat. • L'okapi se pique sur le cactus.
Pour sortir, Karim a mis sa cagoule. Cédric, lui, porte deux gants chauds de couleur kaki et une écharpe.
Coline commence à lire l'aventure du commandant Casimir qui conduit le paquebot où sont embarqués cinq koalas.

è è
ê ê

une lèvre

une forêt

1 Colorie tous les **è** en rouge et les **ê** en bleu.

è	é	Ê	ê	r	è	ê	E	m	e	è	l	è
E	ê	x	M	è	z	ê	è	Ê	f	ê	e	E

2 Entoure les **è** en rouge et les **ê** en bleu.

lè • plê • mè • ré • lê • nè • vê • hè • gè • pê • fé

mèche • étagère • zèbre • pêche • grêlon • élève • flèche

3 Lis les syllabes.

l è → lè   g è → gè   m è → mè

t ê → tê   p ê → pê   gu ê → guê

4 Recopie les lettres **é**, **ê** et les syllabes.

è ê tê pê mè zè guê

5 Dessine les arcs qui correspondent aux syllabes.

Mets une croix quand tu entends è.

6 Écris les mots en t'aidant des syllabes nè, mè et gè.

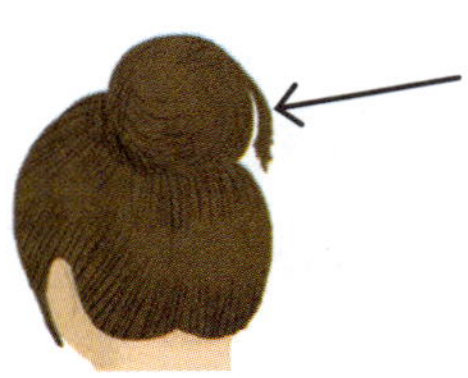

la

l'

le

7 Recopie chaque mot dans la bonne colonne.

la fenêtre • le mètre • la forêt • la fusée
le zèbre • la pédale • la vipère • l'école • la tête

è	ê	é

8 Écris les mots grâce aux indications. Recopie-les sur ton cahier.

9 Choisis des syllabes pour écrire des mots.

frè • pè • mè • re • de • rê • ve

Je lis

prè • nêtre • timè • achè • vêti • assê • lèvu • arê • ripè

è → la lèvre • une sirène • une chèvre • la colère
le père • la mère • le frère • le mètre • une fougère
une vipère • l'élève • le remède • la lumière

ê → une forêt • une fenêtre • une tête • rêveur
le pêcheur • la grêle • le grêlon • le vêtement

Vendredi après-midi, Léo, le frère d'Éléna, se promène dans la forêt. Près de la route, il repère une chose étrange : Angèle, la chèvre, mange une pêche. Rémi, le zèbre, son fidèle ami, se lèche les babines en la regardant.

ai ei et
ai ei et

un aigle

un jouet

la neige

1 Colorie tous les **ai** en rouge, les **ei** en bleu et les **et** en vert.

ai	en	et	el	al	ai	an	ai	e	et	ei	e	et
d	Ai	ou	ei	en	an	ei	a	i	ai	t	a	et

2 Entoure les **ai** en rouge, les **ei** en bleu et les **et** en vert.

rai • lei • fai • tei • ret • bai • chai • dai • sei • let • nei

baleine • reine • maison • jouet • peine • treize • lait

3 Lis les syllabes.

r ai → rai　　l ai → lai　　v ai → vai

n ei → nei　　s ei → sei　　l et → let

4 Recopie les syllabes.

ai　met　fai　rei　pai　chet

5 Dessine les arcs qui correspondent aux syllabes.

Mets une croix quand tu entends è.

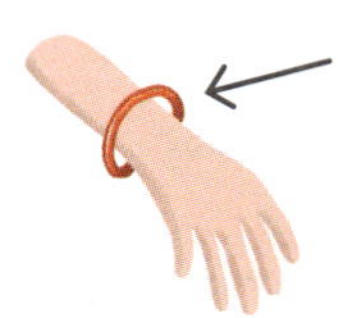

6 Barre l'intrus dans chaque ligne.

balai • bébé • peine • neige • chalet

fontaine • dé • graine • treize • saison

lait • mairie • ricochet • péniche • bonnet

7 **Complète** les mots en utilisant *frai*, *tai* ou *lai*.

le ba______ la ______se du ______t la fon______ne

8 **Complète** les mots en utilisant *let*, *net* ou *flet*.

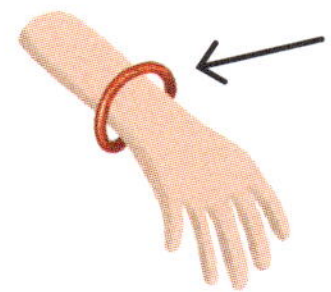

le robi______ le re______ le brace______ le cha______

9 **Écris** les mots grâce aux indications. **Recopie**-les sur ton cahier.

10 **Choisis** des syllabes pour écrire des mots.

vei *pei* *lai* *rei* *let* *ne* *fi*

Je lis

reidi • teipu • feira • osset • outai • ondrai • iprai • omet

ai → la semaine • une aile • une caisse • le balai • mais

ei → la peine • la neige • une baleine • pleine • treize

et → le filet • le tabouret • le secret • le sifflet • le chalet

Claire, la reine des sirènes, est emmêlée dans les filets d'Aimée qui pêche des seiches. « Aimée, il faut que tu m'aides, dit Claire. Ne me laisse pas ici toute la semaine, sans nager dans la Seine ! »

J j J j

j

un journal
un journal

1 Colorie tous les **j**.

g	j	i	J	J	y	J	j	j	g	T	z	f
z	j	p	r	b	f	j	u	z	J	m	L	J

2 Entoure les **j**.

ja • jou • je • oi • li • jen • jé • jau • gai • jeu

jaune • donjon • joujou • jardinerie • séjour • je joue

3 Lis les syllabes.

j a → ja   j u → ju   j o → jo

j au → jau   j ou → jou   j an → jan

4 Recopie la lettre **j** et les syllabes.

j   je   ji   ju   ja   jour

5 Dessine les arcs qui correspondent aux syllabes.

Mets une croix quand tu entends j.

6 **Complète** les mots avec *ju*, *jar* ou *jon*.

le ______ *dinier* *le don* ______ *la* ______ *pe*

7 **Écris** les mots en t'aidant des syllabes.

di *jeu* *bi* *jou* *pon* *ju*

______ *le* ______ *le* ______

8 **Écris** les mots grâce aux indications. **Recopie**-les sur ton cahier.

9 **Choisis** des syllabes pour écrire des mots.

ju *ne* *jo* *li* *jau* *pe* *do*

Je lis

jau • jour • jal • jam • jil • jeu • jeau • ijou • rija

le jour • le journal • bonjour • la journée • jeudi • joli

le bijou • du jambon • la joue • le jupon • le séjour • le jouet

le donjon • la jambe • jaune • le jeton • déjà • le jeu

Mon amie Julie a acheté une jolie jupe jaune jeudi avec un pantalon. Julie part au Japon. Jules, son jumeau, part aussi pour un séjour de dix jours. Là-bas, pendant que Julie jouera au jeu de dames, Jules, lui, fera du judo.

Ph ph Ph ph

un phare
un phare

1 Colorie tous les **ph**.

ph	th	h	ph	p	ch	ph	H	p	th	Ph	h	ph
ch	p	Ph	h	ph	bl	th	g	Ph	q	p	ph	H

2 Entoure les **ph**.

pha • phi • phé • cho • phy • phon • han • phau

pharmacie • cheminée • physique • pharaon • girafe

3 Lis les syllabes.

ph a → pha   ph é → phé   ph i → phi

ph o → pho   ph on → phon   ph an → phan

4 Recopie les lettres **ph** et les syllabes.

ph pha phy phé pho phon

5 Dessine les arcs qui correspondent aux syllabes.
Mets une croix quand tu entends f.

6 **Recopie** les mots dans la bonne colonne.

l'affiche • la phrase • la fanfare • l'éléphant
le phoque • la carafe • la photo • la faute

f	ph

7 **Écris** les mots en t'aidant des syllabes.

se phra ne lé pho té phar cie ma

la ______ le ______ la ______

8 **Écris** les mots grâce aux indications. **Recopie**-les sur ton cahier.

9 **Choisis** des syllabes pour écrire des mots.

to pho am se phra que re

Je lis

phè • phou • pho • pheau • phai • phen • apha • raphe

le phare • le pharaon • le paragraphe • la photographie
le phoque • l'alphabet • la catastrophe • la phrase

Philomène rêve de devenir une photographe connue pour faire des photos d'éléphanteaux aux Philippines et de phoques sur la banquise. Quel phénomène ! Mais, pour le moment, Philomène apprend juste la géographie à l'école.

oi oi oi

un oiseau
un oiseau

1 Colorie tous les **oi**.

ou	Oi	Ol	lo	in	Oi	an	ou	Ol	ei	Oi	ai	ol
on	ei	or	ol	oi	ai	am	oi	in	ou	ol	io	oi

2 Entoure les **oi**.

joi • quoi • guoi • zoi • doi • choi • fou • toi • pou
poitrine • poivre • doigt • faire • parfois • voilà • il boit

3 Lis les syllabes.

l oi → loi — r oi → roi — t oi → toi
m oi → moi — v oi → voi — ch oi → choi

4 Recopie les lettres **oi** et les syllabes.

oi — coi — doi — foi — goi — joi

5 Dessine les arcs qui correspondent aux syllabes.
Mets une croix quand tu entends oi.

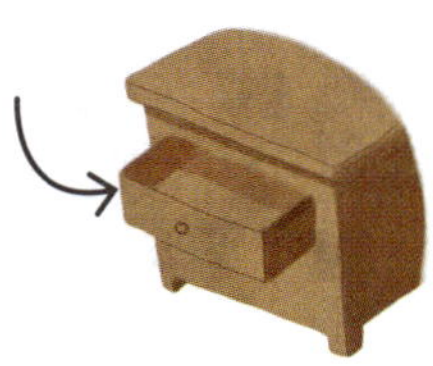

6 **Complète** les mots avec boi, moi, poi ou voi.

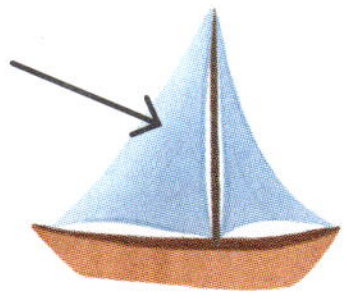
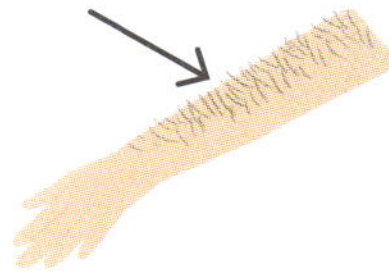

le ______neau   la ______le   ______lu   la ______sson

7 **Écris** les mots en t'aidant des syllabes.

ne tri poi   a soir rro   tu re voi

la ______   l' ______   la ______

8 **Écris** les mots grâce aux indications. **Recopie**-les sur ton cahier.

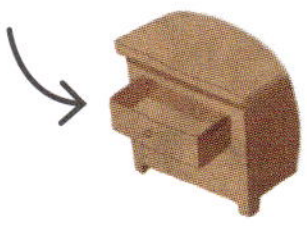 ☐☐☐☐☐☐

 ☐☐☐☐☐

9 **Choisis** des syllabes pour écrire des mots.

moi tié ne si boi neau sson

Je lis

aboi • toitu • geoi • moisi • soiru • poissan • émoi
il doit • il voit • il boit • il reçoit • il aperçoit • il croit

le mois • la soie • une oie • une noix • le doigt • le roi
le toit • la loi • pourquoi • le moineau • une nageoire
le tiroir • le froid • une coiffure • une ardoise • voilà
du poivre • le poireau • une mangeoire • parfois • la poire

Voilà Éloi sur son bateau à voile. Il pêche du poisson. Il envoie son filet un grand nombre de fois. Il est ému quand il en voit et surtout quand il sort son filet de l'eau rempli de poissons !

br cr fr gr pr tr

1 Lis les syllabes.

br a → bra	cr e → cre	fr i → fri
pr u → pru	tr o → tro	cr oi → croi

2 Recopie les syllabes.

bra crai fri gri tro pru

3 Recopie les mots dans la bonne colonne.

bravo • très • grand • la prune • croisé • gris
crac • brisé • la frite • froid • la proie • le tri

br	cr	gr

fr	pr	tr

4 **Écris** les mots à l'aide des syllabes.

fram · se · boi — fe · a · gra — che · tru · au

la ______ l' ______ l' ______

va · te · cra — ti · pra · que — li · bro · co

la ______ ______ le ______

5 **Écris** les mots grâce aux indications. **Recopie**-les sur ton cahier.

 ☐☐☐☐☐

 ☐☐☐☐☐☐☐

6 **Choisis** des syllabes pour écrire des mots.

fri · pe · ar · grou · te · bre · tren

Je lis

brou • grau • cran • cru • frau • pran • froi • tron

br → brave • brisé • brulé • le brocoli • la brousse

cr → le crâne • le cri • la craie • croire • le crapaud

fr → fragile • froid • le fromage • la frousse • la fraise

gr → gros • gris • grande • la grève • il gronde

pr → le prix • pratique • près de toi • la prison • la prime

tr → très • le tri • trop • le trou • le tronc • trente

Bruno monte sur un tronc d'arbre. Il s'agrippe à une branche et il trouve trente grosses prunes jaunes et grises. Puis il prépare une très grosse tarte. Astrid le félicite car la tarte n'a pas brulé. Ils mangeront des frites et des brocolis au fromage avant.

in in
im im

5 cinq

un imperméable

1 Colorie tous les **in** en bleu et les **im** en rouge.

ai	on	o	In	ou	uo	on	V	im	in	an	mi	Om
im	v	ou	x	Om	f	Ou	in	i	d	t	om	in

2 Entoure les **in** en bleu et les **im** en rouge.

vin • int • lim • min • nil • pin • tim • chin • rin • pin • crin

requin • timbale • important • interdit • désinstaller • lapin

3 Lis les syllabes.

v in → vin   r in → rin   f in → fin

t im → tim   p im → pim   l im → lim

4 Recopie les lettres **in**, **im** et les syllabes.

in   im   lim   min   tim   fin

5 Dessine les arcs qui correspondent aux syllabes.

Mets une croix quand tu entends **in**.

6 **Écris** les mots en t'aidant des syllabes.

rin · tam · bou · tin · pa · able · per · mé · im

un ____________ un ____________ un ____________

7 **Entoure** la lettre qui suit **im** dans les mots.

important • imbattable • grimper • pimpante • timbale

Écris ces lettres : ____________

Choisis **in** ou **im** : le mat______ ______possible

8 **Entoure** les mots quand tu entends **in**. **Colorie** les lettres qui font ce son.

câlin • copine • simple • chemin • bobine • image

9 **Écris** les mots grâce aux indications. **Recopie**-les sur ton cahier.

10 **Choisis** des syllabes pour écrire des mots.

ge · sa · tin · pin · sin · pa

Je lis

lin • tin • pin • rin • tim • im • brin • crin • trim • frin

in → un invité • le sapin • le matin • vingt • mince
coquin • un chemin • un coussin • un clavecin

im → un timbre • impoli • impossible • important

Mon voisin se nomme Marin. Il a un singe très câlin. Mais ce singe est malin. Le matin, il monte dans le sapin et il joue du tambourin, le coquin ! Depuis cinq jours, il compte jusqu'à cinquante-cinq... Il va finir dans un numéro de cirque !

Bilan 3

1 Écris les syllabes dictées.

2 Écris les mots dictés.

3 Colle les images dans la bonne colonne.

br	cr	fr	gr	pr	tr

4 Recopie les mots dans la bonne colonne.

la luge • la gaufre • le bourgeon • la guirlande
le carton • la cruche • la leçon • la cerise

g → j	g → gu	c → s	c → k

5 Complète les mots avec ge, phar ou jour.

une ______ macie   un bour______on   le ______ nal

6 Choisis é, è ou ê.

la for__t • un __l__phant • une m__che

la f__te • un h__risson • un __l__ve

7 Choisis c ou ç.

Lu__ie est dé__ue, sa balan__oire est cassée ! Elle dira un grand mer__i à son Papa quand elle sera réparée. En attendant, elle déguste une gla__e au __itron.

8 Choisis g ou gu.

une __itare • un catalo__e • un __idon

une __irlande • un __arage • une __omme

9 Choisis g ou ge.

nous bou__ons • une bou__ie • un ca__ibi

c'est fra__ile • nous man__ons • un __énie

10 Choisis in ou im.

un couss__ • il est __poli • __connu

un t__bre • un jard__ • un p__ceau

11 Écris les phrases dictées.

oin oin

un point
un point

1 Colorie tous les **oin**.

ai	on	o	In	ou	uo	ion	OU	im	in	ien	on	Om
oin	ni	ou	oin	Om	in	Ou	oin	ai	eau	ein	oin	in

2 Entoure les **oin**.

moins • shampoing • besoin • lion • coin • pion • foin • coincé

3 Lis les syllabes.

l oin → loin   c oin → coin   f oin → foin
m oin → moin   p oin → poin   s oin → soin

4 Recopie les lettres **oin** et les syllabes.

oin   foin   poin   soin   coin

5 Dessine les arcs correspondant aux syllabes.

Mets une croix quand tu entends oin.

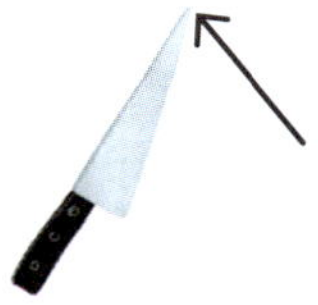
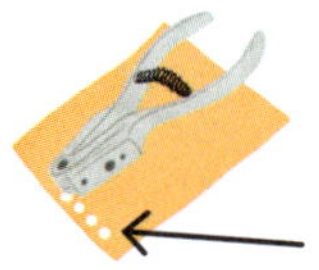

6 Écris oin ou oi.

Je mange une tarte aux p____res.
Tu habites l____ de l'école ?
J'ai bes____ de dormir beaucoup.
Je range ma chambre avec s____.

7 **Écris** les mots en t'aidant des syllabes.

moin té — tu re poin — soin be

un ______ une ______ un ______

8 **Entoure** les mots quand tu entends **oin**. **Colorie** les lettres qui font ce son.

avoine • goinfre • moineau • pointu • recoin • pivoine • macédoine

9 **Écris** les mots grâce aux indications. **Recopie**-les sur ton cahier.

10 **Choisis** des syllabes pour écrire des mots.

té — poin — moin — be — re — tu — soin

Je lis

boin • moin • doin • roin • soin • loin • voin • poin

le poing • une pointe • moins • du foin • un coin • un joint
décoincé • loin • le besoin • le soin • deux points • un rond-point
un point-virgule • le témoin • pointu • une pointure • un groin

« Tu trouveras du foin dans le coin de la grange » dit la poule au cochon. Le cochon agite son groin : « Et des coings ? » La poule répond : « Tu auras tout ce dont tu as besoin : du foin, des coings et même du savon pour prendre soin de toi et aussi pour sentir moins fort ! » Le cochon grimace : « Je sens juste le cochon, un point c'est tout ! »

gn gn

la montagne
la montagne

1 Colorie tous les **gn**.

Ou	gn	O	In	Gn	uo	ion	N	im	gi	gin	GN	Om
oin	V	Ou	oin	Om	gu	Ou	gn	nt	Gn	no	oin	gn

2 Entoure les **gn**.

signal • ligne • pique • grignote • compagnon • gagne
trognon • agneau • vigne • agite • campagne • mange

3 Lis les syllabes.

gn e → **gne** gn on → **gnon** gn o → **gno**

gn al → **gnal** i gne → **igne** gn ar → **gnar**

4 Recopie les lettres **gn** et les syllabes.

gn gne gna gnoi gnon

5 Dessine les arcs qui correspondent aux syllabes.
Mets une croix quand tu entends **gn**.

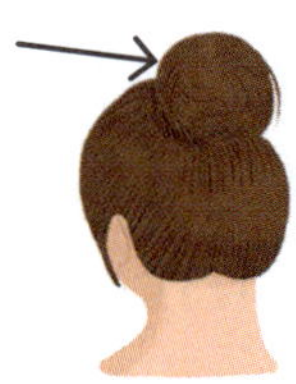

6 Écris *gne, gnon, gneau* ou *gnoi.*

 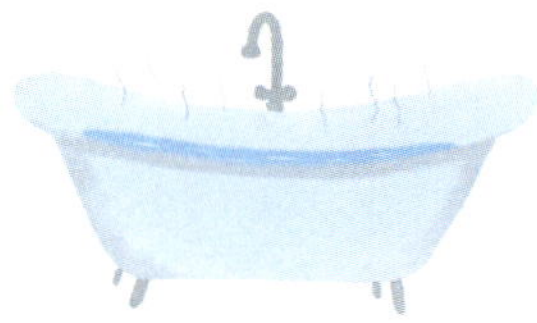  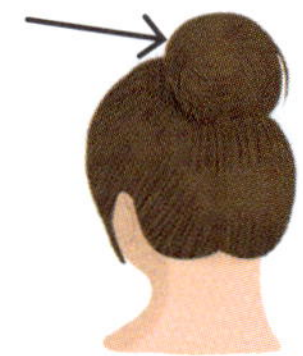

l'a ________ *la bai* ________ *re* *le pei* ________ *le chi* ________

7 Écris les mots en t'aidant des syllabes.

gne *li* — *gne* *châ* *tai* — *gne* *pa* *cam*

une ________ *une* ________ *la* ________

8 Écris les mots grâce aux indications. Recopie-les sur ton cahier.

9 Choisis des syllabes pour écrire des mots.

chi *gnon* *vi* *gne* *mi* *tro* *li*

Je lis

gnon • gnoi • gno • gne • gna • gné • gnan • igno • agne

une châtaigne • le chignon • le trognon • une araignée
une baignoire • la campagne • le poignet • la poignée • mignon
le signal • une ligne • une vigne • la cigogne • grignote

À la campagne, la souris mange des châtaignes et des champignons dans les vignes. En ville, la souris grignote aussi des trognons de pommes, des poignées de brugnons et des beignets aux abricots. Sa compagne, la mignonne musaraigne, préfère les pignons de pins et les lasagnes.

Y y Y y y

un pyjama

un pyjama

1 Colorie tous les y.

y	u	n	y	g	v	m	f	h	Y	n	u	Y
y	Y	m	u	V	Y	j	y	g	U	h	Y	V

2 Entoure les y.

physique • abysse • fusée • idée • cyclope • tulle • rythme

jury • stylo • riz • cygne • cycliste • pyramide • cinéma

3 Lis les syllabes.

r y → ry

c y → cy

p y → py

d y → dy

g y → gy

ph y → phy

4 Recopie la lettre y et les syllabes.

y ry ly py cy gy

5 Dessine les arcs correspondant aux syllabes.

Mets une croix quand tu entends y.

6 **Barre** l'intrus dans chaque liste.

pyramide • stylo • craie • analyse

cylindre • tuile • hydraté • gyrophare

cyclone • cycliste • voile • Égypte

7 **Écris** la solution des devinettes. Tu peux t'aider de la liste de mots.

rythme • pyramides • curry • tricycle

C'est une épice que l'on utilise dans le riz. C'est le ______________ .

Elles ont été construites en Égypte. Ce sont les ______________ .

C'est un vélo à trois roues. C'est un ______________ .

Chaque musique en a un. C'est le ______________ .

8 **Écris** les mots grâce aux indications. **Recopie**-les sur ton cahier.

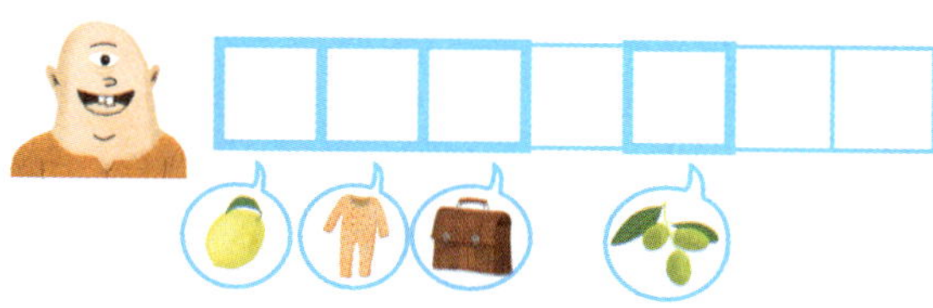

9 **Choisis** des syllabes pour écrire des mots.

py *ja* *ra* *ma* *mi* *de*

Je lis

by • sy • ly • my • dy • try • cy • gry • gy • phy • syl • lys

un stylo • un cyclope • une analyse • un cycliste • un cylindre
le rythme • un cygne • un grizzly • un lys • une lyre • un jury
le physique • le rugby • une syllabe • un pyjama • de la chantilly

Ymane dessine au stylo feutre un cygne qui nage délicatement sur le lac. Ymane adore la musique et l'histoire du « Lac des cygnes ». Sa maman l'écoute souvent. Ymane danse en rythme en imaginant être le cygne blanc. Mais un cygne blanc en pyjama, c'est moins élégant !

ett ell ess er es...

une fourchette

une poubelle

un escargot

vert

1 Colorie les **ett** en bleu, les **ess** en rouge et les **err** en vert.

ribambelle • galette • brouette • faiblesse • marelle • tresse

tonnerre • girouette • hirondelle • barrette • équerre • terre

2 Recopie les syllabes.

relle lesse pelle nerre gette

3 Entoure l'image quand tu entends [è].

4 Entoure les syllabes dans lesquelles on entend [è].
Puis recopie chaque mot, sans le déterminant, dans la bonne colonne.

une marelle • une noisette • la richesse • la tresse

une adresse • le tonnerre • une demoiselle • cette

la terre • une fourchette • la pelle • le verre

erre	elle	ette	esse

5 Écris esse, elle, ette, lec, fer ou erre.

la t______ la ______me une tromp______ une poub______

une boul______ la ______ture une car______ un v______

6 Écris les mots en t'aidant des syllabes.

relle sau te — pent ser — nel lo co

une ______ un ______ un ______

7 Écris les mots grâce aux indications. Recopie-les sur ton cahier.

 _ _ _ _ _ _ _ s  _ _ _ _ _ _ _ _ _ _

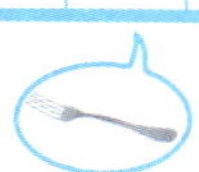   

8 Choisis des syllabes pour écrire des mots.

gi rou pi ette brou

Je lis

ette → des lunettes • une fourchette • une brouette • cette

erre → un verre • une serre • la terre • le tonnerre • la guerre

esse → une adresse • la richesse • une caresse • la maitresse

elle → une marelle • une pelle • la vaisselle • une ficelle

er → un cerceau • une ferme • une alerte • la mer • le fer

es → un escalier • un espace • presque • l'espoir • un geste

ec → la lecture • un spectacle • avec • un bec • sec

el → un tunnel • un colonel • un appel • du sel • naturel

En septembre, Violette part au bord de la mer avec son grand-père Marcel. Ils déterrent des vers avec une pelle. Elle adore voir les mouettes qui passent au-dessus de leurs têtes. Les oiseaux volent, plongent dans les vaguelettes et attrapent quelques poissons. Elle admire leur agilité, leur rapidité !

er er
ez ez

un rocher

un nez

1 Colorie tous les **er** en bleu et les **ez** en rouge.

er	e	er	ez	ee	ez	e	er	e	ez	er	e	er
er	tt	e	er	r	er	e	t	e	ez	er	er	e

2 Entoure les **er** en bleu et les **ez** en rouge.

rocher • diner • parlez • évier • navet • coupez • chez

3 Lis les syllabes.

r er → rer l er → ler p er → per

t ez → tez m ez → mez d ez → dez

4 Recopie les lettres **er**, **ez** et les syllabes.

er ez rer cer tez fez

5 Dessine les arcs qui correspondent aux syllabes.
Mets une croix quand tu entends er.

6 Entoure les syllabes dans lesquelles on entend é.
Puis colorie les lettres qui font ce son.

un rocher • vous croquez • trembler • un boulanger • un nez

un boucher • vous dormez • un berger • vous lisez • miauler

7 Écris les mots en t'aidant des syllabes.

ger dan — ger lan bou — ver ob ser

un ________ un ________ ________

8 Écris les mots comme dans l'exemple.

cacher → vous cachez

chanter → vous ________

poser → vous ________

parler → vous ________

danser → vous ________

sauter → vous ________

9 Écris les mots grâce aux indications. Recopie-les sur ton cahier.

10 Choisis des syllabes pour écrire des mots.

dor · chan · par · tez · lez · ter · mez

Je lis

acher • misez • ussez • liner • oller • misez • ortez • anger

er → un rocher • un boucher • un boulanger • un gouter • un métier
parler • marcher • trembler • aimer • se laver • donner

ez → un nez • chez • assez • vous parlez • vous dormez
vous mangez • vous jouez • vous buvez • vous écrivez

Vous rêvez que vous allez au marché des fées puis vous achetez du pâté de nez chez le boucher pour le diner. Vous avez des idées pour le cuisiner. Vous chantez assez fort pour qu'un rocher vous tombe sur le nez et vous vous rendormez.

Hh Hh h

un **h**ibou

un **h**ibou

1 Colorie tous les **h**.

J	h	h	n	d	J	h	h	g	n	b	h	J
H	g	n	h	f	H	f	H	h	H	h	l	f

2 Entoure les **h**.

haricot • théâtre • habit • compréhension • thé • holà !

hôpital • hululer • hanté • bonheur • ohé ! • hum !

3 Lis les syllabes.

h a → **ha** h i → **hi** h o → **ho**

h é → **hé** h ou → **hou** o h é → **ohé**

4 Recopie la lettre **h** et les syllabes.

h ha hé hou hihi

5 Entoure les syllabes où tu vois la lettre **h**.
Puis classe ces mots dans le tableau.

une mouche • un éléphant • une poche • une photo

un hibou • un chaton • du thé • un phoque

h →	ch → ch	ph → f

6 **Barre** l'intrus dans chaque ligne.

dehors • haricot • éléphant • homard

hérisson • homme • thé • marche • huit

chapeau • hutte • malheur • thon

7 **Écris** les mots en t'aidant des syllabes.

pi hô tal — â tre thé — or phe gra tho

un ______ un ______ l' ______

8 **Écris** les mots grâce aux indications. **Recopie**-les sur ton cahier.

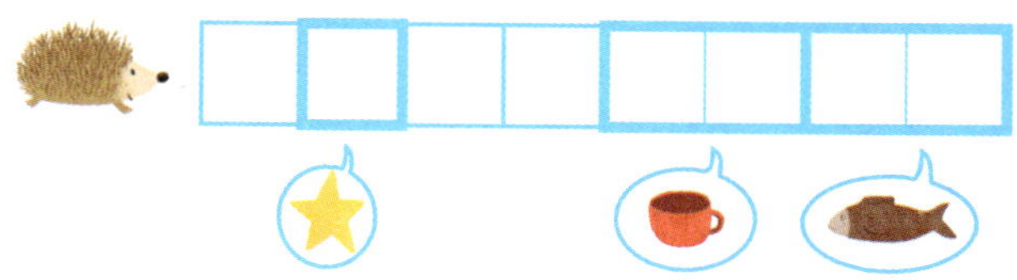

9 **Choisis** des syllabes pour écrire des mots.

teur heu hau ha mac re

Je lis

un hôpital • un homme • un hibou • du thé • un thermomètre
un hérisson • une habitude • un haricot • une harpe • la hauteur
un hôtel • le hasard • de l'herbe • l'hiver • l'horizon • de l'huile
heureux • l'hygiène • une hypothèse • ohé ! • houra !

C'est l'hiver, à huit heures il fait déjà sombre. Le hérisson a l'habitude de se mettre à l'abri sous le hangar. Henri lui a fabriqué un petit hôtel en bois où il peut hiberner sans être dérangé. Il y vit très heureux. Un hibou va souvent se percher en hauteur juste au-dessus, parfois rejoint par une hermine.

ain ain ein ein aim aim

un train

une ceinture

un daim

1 Colorie tous les **ain** en bleu et les **ein** en rouge.

ain	ein	e	en	em	ain	en	en	ain	ai	a	ein	ain
oi	ain	i	ain	ein	en	au	ein	eu	ain	u	e	ein

2 Colorie les **ain** en bleu, les **ein** en rouge et les **aim** en vert.

demain • ceinture • faim • train • poulain • frein • peintre
humain • félin • pain • copain • refrain • plein • empreinte

3 Lis les syllabes.

r ain → rain p ain → pain b ain → bain
p ein → pein t ein → tein g ein → gein

4 Recopie les lettres **ain**, **aim**, **ein** et les syllabes.

ain aim ein main daim pein

5 Dessine les arcs correspondant aux syllabes.
Mets une croix quand tu entends in.

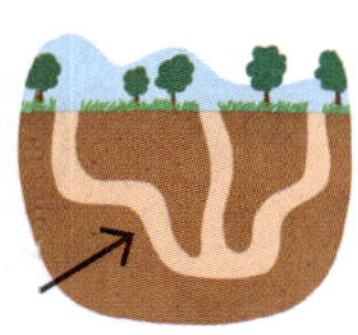

6 Barre l'intrus de chaque ligne.

demain • refrain • laine • Romain
vilain • semaine • bain • maintenant
souterrain • certain • copain • vilaine

7 **Écris** les mots en t'aidant des syllabes.

re pein tu — cer tain in — main nant te

la ______ ______ ______

8 **Entoure** le mot quand tu entends [in]. **Colorie** les lettres qui font [in].

vilain • une graine • un copain • vilaine • ainsi • urbaine • humain

9 **Écris** les mots grâce aux indications. **Recopie**-les sur ton cahier.

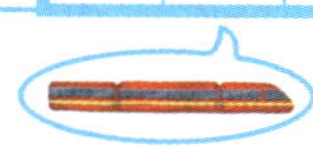
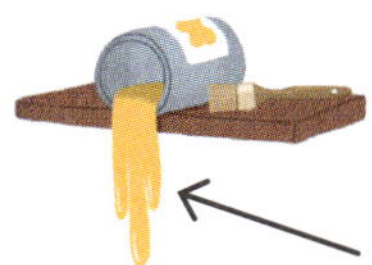

10 **Choisis** des syllabes pour écrire des mots.

loin — hau — tain — de — main — hu — châ

Je lis

ain → un refrain • un poulain • du pain • un train • maintenant
vaincre • maintenu • un humain • vilain • une plainte
le bain • demain • la main • un refrain • soudain

ein → le frein • la peinture • la ceinture • teindre • une teinture
plein • éteindre • atteindre • une empreinte • plein

aim → la faim • un essaim • un daim

Sylvain et son copain Romain ont atteint le lointain sommet. Ils voient des étendues de neige avec des empreintes de chamois. Maintenant, il faut redescendre dans la plaine. Ils ont plein de belles photos qu'ils regarderont demain dans le train. Ils repartiront certainement faire une semaine de randonnée en montagne l'été prochain.

bl cl fl gl pl

1 Entoure les **bl** en bleu, les **pl** en vert et les **gl** en rouge.

ble • bla • gla • plu • glan • blé • plan • glou
capable • glaçage • table • espiègle • simple • plusieurs

2 Lis les syllabes.

bl a → bla · cl é → clé · gl u → glu
pl an → plan · bl ou → blou · fl eu → fleu
cl ai → clai · fl er → fler · pl om → plom

3 Recopie les syllabes.

bla · clou · flain · glau · plan

4 Recopie les mots, sans les déterminants, dans la bonne colonne.

un iglou • un tableau • un spectacle • un triangle
un plateau • un cartable • une gifle • un pliage
une flamme • un classeur

bl	cl	gl	fl	pl

5 Complète les mots avec pla, gla, cla ou fla.

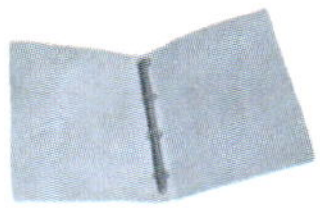 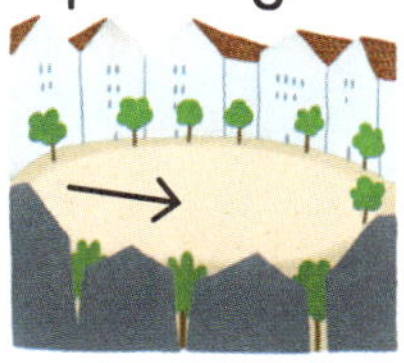  

un ______sseur   une ______ce   une ______que   une ______ce

6 Écris les mots en remettant les lettres dans le bon ordre.

o n l e g   c e s l s a   c i l e b

un ______   une ______   une ______

7 Écris les mots grâce aux indications. Recopie-les sur ton cahier.

 ☐☐☐☐☐☐☐☐

 ☐☐☐☐☐

8 Choisis des syllabes pour écrire des mots.

fa   ta   gla   car   ble   ce

Je lis

bl → bleu • ensemble • blanc • un bloc • une blessure • blond

fl → un flacon • flou • un flocon • fleuri • une flèche • une flute époustouflé • gonfler • souffler • un trèfle • la flamme

pl → souple • un pliage • du plomb • la pluie • une place • plein

cl → un clou • un muscle • un cercle • une boucle • une classe

gl → une glace • un aigle • une glissade • le globe • un ongle

Aglaé a répété son spectacle de jonglage. Elle lance des boules bleues dans des triangles enflammés. Elle danse en jonglant avec des glaçons à la fraise qu'un singe espiègle engloutit goulument. Le clou du spectacle, c'est quand elle place des flèches sur une cible tenue par un aigle.

Y y Y y

le yaourt

un crayon

1 **Entoure** les **y**.

rayon • yoyo • page • noyau • noyer • yoga • chez
balayer • marge • zone • mayonnaise • vous voyagez

2 **Lis** les syllabes.

y a → ya	y o → yo	y on → yon
y an → yan	y er → yer	y ez → yez
y ette → yette	y en → yen	y eu → yeu

3 **Recopie** la lettre **y** et les syllabes.

y yo ya yan yau yon yer

4 **Colorie**, dans chaque mot, la lettre qui est modifiée par le **y**.

un tuyau • un voyage • un noyer • effrayant • un crayon

Par quelles lettres pourrait être remplacé le **y** ? ______

5 **Complète** les mots avec *i* ou *y*.

un av___on • un cra___on • bala___er • une rad___o

6 **Dessine** les arcs qui correspondent aux syllabes.
Mets une croix quand tu entends **y**.

7 Complète les mots avec yé, ya, yo.

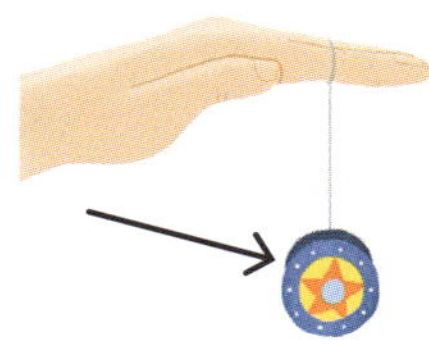

le _____ga   le _____ti   un _____ourt   un _____

8 Écris les mots en remettant les lettres dans le bon ordre.

y o r c a n   n a u y o   v o g a y e

un _____   un _____   un _____

9 Écris les mots grâce aux indications. Recopie-les sur ton cahier.

10 Choisis des syllabes pour écrire des mots.

ra   yon   te   cra   your

Je lis

y (en début de mot) → un yoyo • un yaourt • une yourte • un yack
le yéti • le yoga • youpi ! • les yeux

y (en milieu de mot) → un voyou • payante • effrayant • un rayon
un crayon • le tuyau • appuyer • un noyau
royal • du gruyère • une écuyère • un voyage
la mayonnaise • un kayak • la moyenne

Maya retrouve Yoann qui est resté dans la yourte à faire du yoga, à manger des frites à la mayonnaise et à dessiner. Il crayonne un petit yack et un yéti dans son carnet. Maya est effrayée par le dessin du yéti qui a l'air si réel. Elle ne voudrait pas être en face de lui !

ien ion ian ieu ier

un chien

un lion

1 Colorie tous les **ien** en bleu, les **ion** en rouge, les **ian** en vert, les **ieu** en jaune et les **ier** en violet.

ion	ier	ieu	ian	ien	ieu	ian	ier	ion	ien	ieu
ier	ian	ien	ieu	ien	ian	ier	ien	ieu	ian	ion

2 Entoure les **ien** en bleu, les **ion** en rouge, les **ian** en vert, les **ieu** en jaune et les **ier** en violet.

collégien • potion • skieuse • fiancée • criant • pieuvre

rien • action • acier • région • papier • viande • mien

3 Lis les syllabes.

g ien → gien | r ieu → rieu | n ion → nion

m ier → mier | v ian → vian | ch ien → chien

4 Recopie les syllabes.

gien lier vion dian tieu

5 Dessine les arcs qui correspondent aux syllabes.
Mets une croix quand tu entends ien, ion, ian, ieu, ier.

6 Écris ian, ien ou ieu.

un Ind___ le mil___ la v___de un ch___

7 Écris ier ou ion.

un escal___ un champ___ un p___ un polic___

8 Écris ien ou ein.

une c___ture un fr___ un magic___ t___dre

un pharmac___ le m___ une p___ture b___tôt

9 Écris les mots grâce aux indications. Recopie-les sur ton cahier.

10 Choisis des syllabes pour écrire des mots.

de nier vian pa lieu mi

Je lis

ien → un chien • un musicien • le mien • le sien • bientôt • rien

ion → un avion • un pion • un camion • un champion • nous rions

ian → la viande • un triangle • un étudiant • méfiant • en riant

ieu → le milieu • curieux • mieux • un lieu • adieu • une pieuvre

ier → un pompier • du papier • un palmier • copier • lier

Ce magicien est un vrai champion. Il fait pousser des pommiers ou des poiriers en forme de triangle. Il fait aussi apparaitre des lions au milieu de la scène et tout cela en jouant du violon ! Car il est aussi musicien et même comédien. C'est un bien curieux personnage.

ill ill

une fille
une fille

1 Entoure les **ill**.

godille • habille • vrille • outil • camomille • file • brindille • persil

2 Lis les syllabes.

b ille → bille   n ille → nille   t ille → tille

c ille → cille   r ille → rille   p ille → pille

3 Recopie les syllabes.

ille   bille   rille   fille   nille

4 Entoure l'image quand tu entends ill.

5 Barre l'intrus.

une bille

une fille

une ile

un coquillage

une cheville

6 Écris les mots en répondant aux devinettes. Tu peux t'aider de la liste de mots.

chenille • béquille • grillage • billes

Il sert à clôturer un endroit. C'est un ______________.

On y joue en cour de récréation. Ce sont les ______________.

C'est un insecte qui se transforme en papillon. C'est la ______________.

On s'en sert pour s'aider à marcher. C'est une ______________.

7 Écris les mots en t'aidant des syllabes.

drille · es · pa   tor · tillé · en   tilles · myr

une ____________   ____________   des ____________

8 Complète les mots avec iller ou iler.

br________ • emp________ • déshab________ • f________

9 Entoure les mots quand tu entends ill.

un village • une quille • la vanille • une colline • une grille

10 Écris les mots grâce aux indications. Recopie-les sur ton cahier.

☐☐☐☐☐☐☐☐

☐☐☐☐☐☐☐

11 Choisis des syllabes pour écrire des mots.

che · ha · fa · nille · bille · ville · mille

Je lis

dille • cille • sille • fille • nille • pille • tille

une aiguille • des billes • la famille • une fille • une chenille
la cheville • une coquille • s'habiller • grillager • une pastille
un gorille • la vanille • de la pacotille • un papillon • entortillé

Maman s'égosille : « Bertille, arrête de frétiller pendant que je t'habille ! N'oublie pas tes espadrilles pour aller chez Mamie et emporte la tarte aux myrtilles. Toute la famille va se régaler ! » Après le repas, Bertille et sa cousine Pernille observent les insectes dans le jardin ; la chenille grimpe sur la brindille, on dirait qu'elle boitille. Quand elle se transforme en papillon, Pernille écarquille les yeux ! Quelle beauté !

Les lettres que l'on n'entend pas

1 Colorie la lettre lorsqu'on ne l'entend pas à la fin de ces mots.

petit • enfant • bond • mignon • blanc • blond • chant • maman • champ
lard • début • drap • lait • lit • toujours • sport • jus • matin • mot • nid • bras

2 Transforme chaque mot au féminin. Aide-toi de la dernière lettre du mot.

petit ....
méchant ....
marchand ....

blond ....
grand ....
blanc ....

3 Utilise la dernière lettre pour trouver les mots qui vont ensemble. Relie-les.

bond •	• chanteur
chant •	• lardon
lard •	• bondir

parent •	• éléphanteau
éléphant •	• parenté
drap •	• drapeau

4 Colorie tous les mots fabriqués à partir du mot **dent**.

dentition	tente	dentiste	envers
détente	dentier	pente	dentelle

5 Colorie tous les mots de la famille de **trot**.

trot	trop	trottoir	trotteur
trouve	trotter	trottinette	tord

6 Colorie les mots qui expriment le même sens. Barre l'intrus de chaque ligne.

plat • plateau • platane
salade • saler • saladier

gentil • gens • gentillesse
porte • port • portail

7 Retrouve le mot « racine ». Écris-le.

laiterie ....
bondir ....

champêtre ....
petitesse ....

Les lettres *ent* qui ne font pas le son [en]

1 Entoure les lettres que tu n'entends pas. Puis complète.

il parle → ils parlent

Le « s » de *ils* sert à dire

On ajoute « -nt » à la fin de *parle* car c'est un mot qui dit ce que l'on fait et plusieurs personnes font l'action.

elle saute → elles sautent

Le « s » de *elles* sert à dire

On ajoute « -nt » à la fin de *saute* parce que

2 Entoure les mots qui disent ce que l'on fait.

chante • biberon • déballe • démonte • livre • fée • plie • police

Utilise chacun de ces mots avec le pronom *il* ou *elle*.

3 Barre les mots en gras qui ne conviennent pas.

« ils » ou « elles » indiquent que l'action est réalisée par :
une personne / plusieurs personnes.

4 Transforme les mots de l'exercice 2 pour que l'action soit réalisée par plusieurs personnes.

5 Indique : **1** si une seule personne fait l'action, **P** si plusieurs personnes font l'action.

il porte	elle joue	ils chahutent
elles poussent	il prépare	elles trottent
il transporte	elles tirent	ils soupirent

6 Remplace *il* par *ils* et *elle* par *elles*. Puis transforme le verbe.

il roule	elle mange
il lave	elle affiche

Bilan 4

1 **Écris** les syllabes dictées.

2 **Écris** les mots dictés.

3 **Colle** les images dans la bonne colonne.

bl	cl	fl	gl	pl

4 **Recopie** les mots, sans les déterminants, dans la bonne colonne.

des lunettes • un verre • l'adresse • la vaisselle
le tonnerre • une brouette • une pelle • une caresse
une ficelle • une ogresse • la guerre • cette

la terre	une fourchette	la richesse	une marelle

5 Complète les mots.

p ____ t | une monta ____ e | une m ____ | un p ____ jama

une chev ____ e | le l ____ | une sk ____ | se la v ____ de

un pan ____ | le music ____ | un n ____ | l'a ____ eau

6 Écris les mots en t'aidant des syllabes.

lan ger bou | pi hô tal | tor en tillé

un ____ un ____ ____

7 Écris les mots en remettant les lettres dans le bon ordre.

c i e t n u r e | b u o h c e r | l i l e f

une ____ un ____ une ____

8 Écris les phrases dictées.

eil eil
eill eill

le soleil

une abeille

1 Entoure les **eil** en bleu et les **eille** en rouge.

un soleil • *une merveille* • *un orteil* • une oreille • un appareil
un sommeil • une veille • *une groseille* • un réveil • une bouteille

Écris le déterminant qui se trouve devant les mots terminés par **eil**.

Écris le déterminant qui se trouve devant les mots terminés par **eille**.

2 Lis les syllabes.

v eil → veil   l eil → leil   m eil → meil

b eille → beille   r eille → reille   t eille → teille

3 Recopie les syllabes.

reil   *leil*   *meil*   *veille*   *teille*

4 Entoure l'image quand tu entends tu entends **eil**.

5 Barre l'intrus dans chaque ligne.

merveille • pareille • ville • groseille

réveil • ciel • sommeil • orteil

6 Écris *eil* ou *eille*.

une gros..........

une or..........

un rév..........

une bout..........

un appar..........

une corb..........

7 Écris les mots en remettant les lettres dans le bon ordre.

e o s l i l — le ....

a e i l b e l — une ....

é e l i v r — un ....

8 Écris les mots grâce aux indications. Recopie-les sur ton cahier.

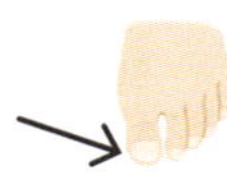

9 Choisis des syllabes pour écrire des mots.

leil *veille* *mer* *or* *teil* *so*

Je lis

un soleil • un réveil • un orteil • une bouteille • un appareil
le sommeil • une abeille • une merveille • une oreille • vieille
une groseille • une corbeille • une corneille • un oreiller • veiller

Quelle merveille à l'arrivée du printemps ! Tous nos sens sont en éveil et la chaleur réveille les abeilles après un long sommeil. Que c'est agréable de mettre les orteils dans l'herbe et d'ouvrir grand ses oreilles pour écouter le chant des corneilles. Le soleil fera rougir les groseilles et Maman en fera du sirop qu'elle mettra dans une bouteille.

ail aill euil euill ouil ouill

un éventail

une feuille

une grenouille

1 Entoure les **ail/aille** en bleu, les **euil/euille** en rouge et les **ouil/ouille** en vert.

la rouille • un rail • le fenouil • un chevreuil • il déraille • une feuille

une médaille • un chandail • un treuil • le travail • elle fouille

2 Lis les syllabes.

b | ail → bail   f | euille → feuille   n | ouil → nouil

vr | euil → vreuil   r | ouille → rouille   tr | ail → trail

3 Recopie les syllabes.

vail   teuil   daille   mouille   bouille

4 Entoure l'image quand tu entends ail.

5 Barre l'intrus dans chaque ligne.

bouille • rouille • citrouille • foule

travail • valise • chandail • portail

6 Classe les mots dans le tableau. Ajoute *un*, *une* ou *le*, *la* devant chaque nom.

citrouille • *feuille* • *portail* • *écureuil*
paille • *rouille* • *fenouil*

ail	aille
euil	**euille**
ouil	**ouille**

7 Écris les mots grâce aux indications. Recopie-les sur ton cahier.

Je lis

ail → un travail • un vitrail • de l'ail • un portail
un épouvantail • une bataille • une médaille
une paille • un tailleur • travailler • tailler

euil → un fauteuil • un écureuil • un chevreuil • le deuil
un treuil • une feuille • le feuillage • effeuiller

ouil → du fenouil • une nouille • la rouille • un brouillon
un bouillon • une bouilloire • rouiller • fouiller • mouiller

De mon fauteuil, je vois dans le jardin un écureuil qui se cache dans le feuillage. Un chevreuil savoure mes salades. Il n'a pas peur de l'épouvantail en paille. Il fouille ensuite dans les plants de fenouil. Heureusement, il ne mange pas les citrouilles que je garde pour faire un délicieux bouillon avec des nouilles chinoises.

Ꞓt T t

$4 + 2 = 6$ une addition
une addition

1 **Entoure** le mot quand **t** fait le son s.

table • action • tortue • récréation • histoire • spatial • marmite

2 **Dessine** les arcs correspondant aux syllabes.
Mets une croix quand tu entends s.

$5 - 3 = 2$

3 **Relie** chaque dessin à la bonne étiquette.

$3 + 2 = 5$

tien   tion

4 **Recopie** les mots dans la bonne colonne.

édition • essentiel • spatial • minutieuse
impatience • invention • initial • torrentiel

tien	tial	tiel	tieuse	tion

5 Écris les mots à l'aide des syllabes.

lu • tion • so — tion • na • ti • des — ba • a • cro • tie

la ________ une ________ une ________

6 Réponds aux devinettes. Tu peux t'aider de la liste de mots.

spationaute • minutieuse • respiration • impatient

Elle écrit avec beaucoup de soin ; elle est ________.

Il ne sait pas attendre ; il est ________.

Il part dans l'espace ; c'est le ________.

On fait rentrer de l'air dans nos poumons et on le rejette ;

c'est la ________.

7 Écris les mots grâce aux indications. Recopie-les sur ton cahier.

$4 - 2 = 2$ ☐☐☐☐☐☐☐☐☐  ☐☐☐☐☐☐☐

  3 + 2 = 5  — 3 + 2 = 5 

Je lis

tion → une addition • une soustraction • la solution • la respiration

tieu → minutieux / minutieuse • prétentieux / prétentieuse

tien → un martien • un égyptien • un dalmatien

tien → la patience • impatient / impatiente • l'impatience

tial → spatial • une initiale

tiel → essentiel • torrentiel • potentiel

Donatien a appris avec beaucoup de patience à faire des acrobaties. Dans le spectacle, il est déguisé en momie égyptienne. La fabrication des costumes a été minutieuse pour que les bandelettes ne bougent pas quand Donatien est en action. Il est essentiel qu'il contrôle sa respiration. Il y a beaucoup d'émotion parmi les spectateurs qui l'admirent.

Xx X x

un taxi
dix 10
un xylophone

2e deuxième

du houx

1 Entoure les **x**.

luxueux • Maxime • maxi • xylophone • Astérix • joyeux • mixeur

boxer • klaxonner • dix • exemple • extérieur • deux • exercice

2 Lis les syllabes.

x a → **xa** x i → **xi** x on → **xon**

a x → **ax** e x → **ex** i x → **ix**

3 Recopie les syllabes.

xa xu ux ix ex oux

4 Recopie les mots dans la bonne colonne.

Mexique • dix • deuxième • exactement

un taxi • six • la boxe • examiner

exister • soixante • sixième

x → ks	x → gz	x → s	x → z

5 Barre l'intrus dans chaque ligne.

exemple • examen • roux • exagérer

dix • six • soixante • deux

dixième • dix • sixième • deuxième

paix • taxi • Mexique • boxe

6 Lis ces mots qui se terminent par **x**. Que remarques-tu ?

la paix • roux • des chevaux • des travaux • deux • heureux • joyeux

Entoure ce qui est vrai : J'entends **x**. Je n'entends pas **x**.

7 Écris les mots en t'aidant des syllabes.

bo *naux* *xeu* *jour* *joux* *se* *bi*

une ________ *des* ________ *des* ________

8 Choisis des syllabes pour écrire des mots.

bo *xi* *lu* *ta* *xe*

Je lis

[ks] → une taxe • un klaxon • la boxe • fixer • le luxe

[gz] → un exil • examiner • exister • exagérer • exact

[s] → six • soixante • dix

[z] → deuxième • dixième • sixième

[ ] → du houx • deux • des poux • c'est faux • heureux

Félix est heureux de fêter son dixième anniversaire. Il a invité six amis pour faire des jeux dans le jardin. Mais Alix l'exaspère, elle veut boxer et jouer du xylophone dans la maison. Félix trouve qu'elle exagère !

œu œu
œur œur

œu

un nœud

un cœur

1 Entoure les **œu**.

œuf • heure • nœud • jeune • joueur • chœur • sœur

2 Lis les syllabes.

n | œu → **nœu**   v | œu → **vœu**   c | œur → **cœur**

3 Recopie les syllabes.

œu • • œur • • bœu • •

4 Recopie les mots dans la bonne colonne.

le cœur • un danseur • un nœud • un vœu

un œuf • la peur • une sœur

œu de (nœud)	œur de (cœur)	eur

Je lis

œu → un vœu • un œuf • un nœud • un bœuf • une œuvre

œur → une sœur • un cœur • écœuré • un haut-le-cœur

Ma sœur Eugénie fait des nœuds de toutes les couleurs et les accroche en formant un cœur. Une véritable œuvre d'art !
Elle peint également de jolis œufs et fabrique une guirlande multicolore pour sa fête d'anniversaire. Elle fait le vœu que sa fête soit réussie.

ch ch

une chorale
une chorale

1 Entoure les **ch**.

varech • gnocchi • trachéite • archétype • moloch • chœur
orchestre • orchidée • auroch • chorale • charisme • écho

2 Lis les syllabes.

ch o → cho   ch i → chi   e ch → ech

3 Recopie les syllabes.

cho • chi • ché • roch •

4 Écris les mots en t'aidant des syllabes.

rale cho   chi dée or   roch au

une ______   une ______   un ______

Je lis

Chloé chante dans la chorale avec un orchestre de chambre. Aujourd'hui, au programme, c'est une cantate de Bach qu'elle adore. Les choristes sont tous enchantés. Quand elle chante, elle a beaucoup de charisme et elle est très attentive aux gestes du chef de chœur. Le dernier concert a été un succès. Les amis de Chloé lui ont donné une orchidée pour la remercier.

un un
um um

1 un

du parfum

un aquarium

1 Entoure les **un** en bleu et les **um** en rouge.

lundi • brun • aucun • parfum • maximum • chacun • commun

2 Lis les syllabes.

l un → lun   r un → run   f um → fum

3 Recopie les syllabes.

un . um . lun . mum .

4 Écris les mots en remettant les lettres dans le bon ordre.

u l d n i   u h c c a n   g j n l u e

la

5 Colorie en rouge quand le **um** fait le son ome et en bleu quand il fait le son in.

le maximum • le parfum • un album • un opossum • un géranium

un lumbago • un vivarium • un podium • le minimum • humble

Je lis

un album • lundi • chacun • aucun • quelqu'un • trente-et-un

la jungle • un parfum • le maximum • un aquarium

Lundi, Lucie a planté des géraniums dans le terrarium. Pendant ce temps, Orso observait les escargots dans le vivarium. Bachir respirait le parfum de chaque fleur. Chacun des enfants était occupé au maximum, aucun n'avait le temps de s'ennuyer. La semaine prochaine, avec la classe, ils visiteront un aquarium géant dans lequel ils pourront admirer des raies et des requins.

Le pluriel des noms

1 Entoure les noms au pluriel dans chaque phrase.

Les enfants ont des jouets.

Le cheval saute au-dessus de trois fossés.

Le bateau part à la pêche, il rapportera des crabes et des homards.

La maitresse a consolé Lucie qui avait cassé ses crayons.

Recopie les petits mots qui indiquent qu'il y en a plusieurs :

____

2 Colorie de la même couleur les mêmes mots.

des bisous	mon genou	des hiboux	un hibou	un chou
les cailloux	plusieurs choux	un bisou	mes genoux	le caillou

Écris les mots qui ont un **x** au pluriel :

____

3 Complète les mots en gras.

Ce matin, cinq **chev**______ sont partis dans les champs. C'est l'époque des **trav**______ de récolte des **végét**______. Il n'est pas question de rester assis à lire quelques **journ**______, tout le monde s'active.

4 Observe et complète.

le tas de noix → les tas de noix

la souris → des ______

mon bras → mes ______

un repas → les ______

un radis → plusieurs ______

un nez → des nez

le mois → les ______

le bois → les ______

une fois → quelques ______

un prix → des ______

Quelques mots irréguliers

1 Écris chaque nom sous l'image qui le représente.

une femme • un monsieur • un fils
l'automne • un parking

2 Écris le nom correspondant aux dessins.
Colorie de la même couleur les mots qui ont un son commun.

   1 000

3 Complète les phrases avec les mots ci-dessous.

mille • parking • clowns • jaguar • second • fils • secondes

Les ____________ et une nuits sont un conte merveilleux.

Comme le tigre et la panthère, le ____________ est un félin.

J'adore les ____________ car ils me font toujours rire.

Paul a fait la course en trente ____________ .

Il est arrivé ____________ , derrière Camille.

Le dernier ____________ du bucheron s'appelait le Petit Poucet.

Papa ne retrouve plus la voiture sur le ____________ du magasin.

4 Écris *œil* ou *yeux*.

J'ai de bons ________ . Il a la larme à l'________ .

Une personne peut avoir des ________ différents : un ________ marron et un ________ vert, par exemple. Ce sont des ________ vairons.

5 Réponds aux devinettes en utilisant les mots déjà étudiés.

Dans ce mot, il y a un *e* mais on entend *a* : ________

Ce mot s'écrit avec « mon » car il vient de l'expression « monseigneur » :

____

Ce mot qui finit par *own* est utilisé en français et en anglais :

____

C'est un nombre qui s'écrit comme *fille* ou *bille* : ________

6 Entoure le mot qui correspond au rébus.

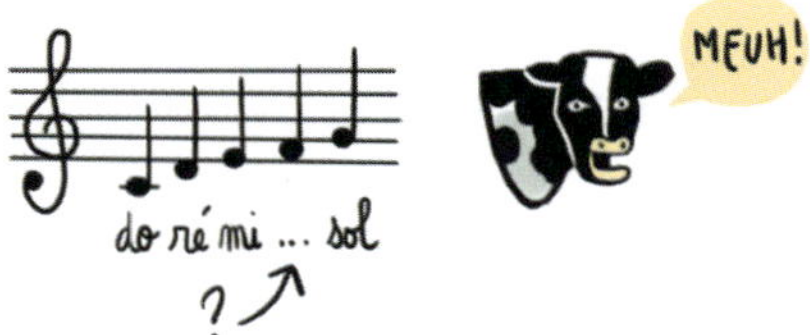

femme • flamme

monsieur • moteur

Je lis

C'est l'automne. Les vacances sont finies, les familles sont revenues en ville. Que va-t-on faire dimanche ? Quelle chance, un cirque est de passage, mais sans jaguars ni éléphants. Il n'y a pas d'animaux de pays lointains en captivité dans ce cirque.

Monsieur Loyal présente des numéros d'acrobates, de magiciens et de clowns. Mon oncle, sa femme et leur fils sont là. Dès les premières secondes, les clowns font rire toute l'assemblée avec leurs mille bêtises. Puis on a peur en suivant des yeux les acrobates. Le spectacle est vraiment fantastique !

Bilan 5

1 Écris les mots dictés.

2 Écris ail ou aille, eil ou eille.

une p…… le sol…… une méd……
une bout…… un port…… une ab……
le trav…… le somm…… un rév……

3 Écris ouil ou ouille.

le fen…… la r…… la tr…… la citr……

4 Recopie les mots dans la bonne colonne.

une opération • une pelote • la cantine • le début
la confiture • une addition • le départ • égyptien • cent

t → t	t → s	t →

5 Colorie les cases en rouge quand tu entends gz, en vert quand tu entends ks, en bleu quand tu entends s et en jaune quand tu n'entends pas le **X**.

taxi	dix	deux	texte	exemple
houx	exagérer	expliquer	six	curieux

6 **Recopie** les mots dans la bonne colonne.

la sœur • le directeur • les cheveux • un oeuf
un chanteur • un jeu • le chœur • l'heure • mieux

cœur	danseur	feu

7 **Colorie** en rouge quand **ch** fait le son ch et en vert quand **ch** fait le son k.

chat	orchestre	cornichon	bouche	gnocchi
varech	niche	sachet	orchidée	château

8 **Écris** les mots en remettant les lettres dans le bon ordre.

e m m f e   o n s m e i u r   s i f l

une ________ un ________ un ________

9 **Retrouve** les mots dans la grille. **Colorie**-les.

sommeil   cœur   maximum
milieu   écoute   texte
sien   yeux   litre

m	a	x	i	m	u	m
é	c	o	u	t	e	i
s	o	m	m	e	i	l
y	e	u	x	x	z	i
a	u	l	i	t	r	e
y	r	s	i	e	n	u

10 **Écris** les phrases dictées.

Consolidation b – d

1 Entoure l'image en bleu quand tu entends d et en rouge quand tu entends b.

  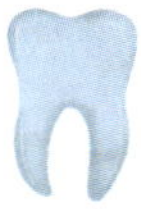   

2 Entoure en bleu la lettre **d** et en rouge la lettre **b**.

b d t d b b f t h d l d b d

3 Complète les mots.

une ___*nane* *un* ___*mino* *une* ___*le* *une* ___*che*

p – q

1 Colorie en bleu les perles du collier qui ne contient que des **p**.

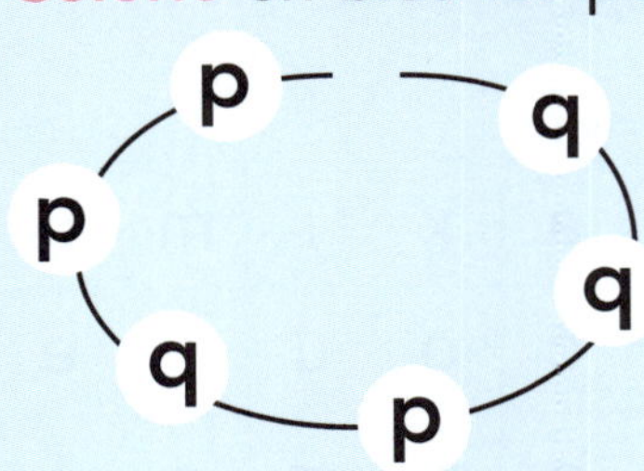

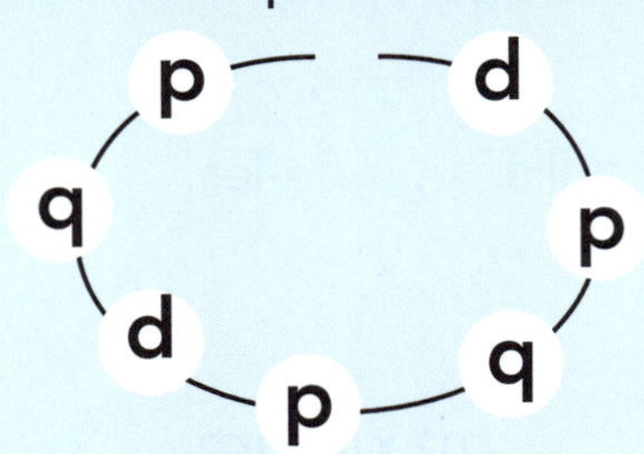

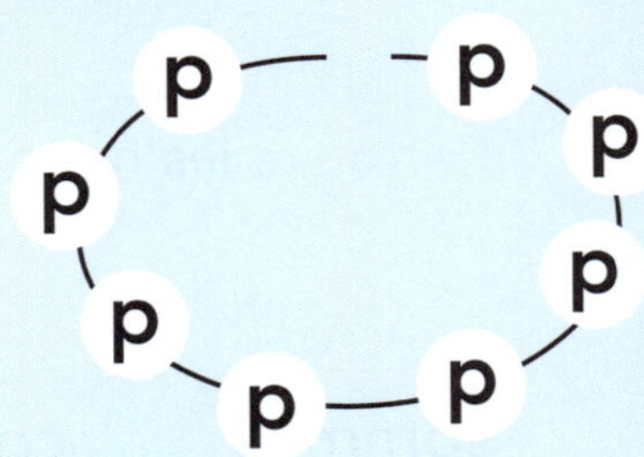

2 Coche la case du chemin qui ne passe que par des **q**.

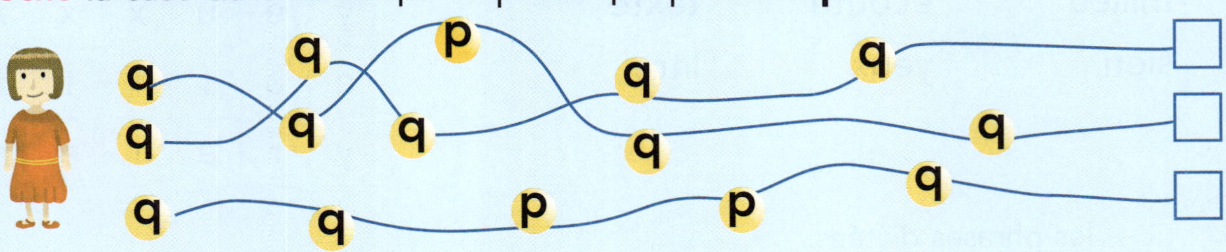

3 Écris *p* ou *q*.

*un har*___*on* *cin*___*uante* *un la*___*in*

une ___*oubelle* *un cir*___*ue* *un* ___*a*___*uebot*

Consolidation t – d

1 Entoure l'image en bleu quand tu entends **d** et en rouge quand tu entends **t**.

2 Barre l'intrus dans chaque ligne.

3 Complète les mots.

un ______peau un ______peau un ______pis un ra____s

b – p

1 Entoure l'image en bleu quand tu entends **p** et en rouge quand tu entends **b**.

2 Entoure en bleu la lettre **p** et en rouge la lettre **b**.

b d p b d l p d d f p d

3 Écris les mots.

une ______ un ______ un ______ un ______

Consolidation f – v

1 Entoure l'image en bleu quand tu entends v et en rouge quand tu entends f.

2 Recopie les mots dans les bonnes colonnes.

une valise • une fourmi • un phare • un dauphin • un vélo
la confiture • un cheval • une fusée • un phoque • un lavabo

v	f	ph

ch – j

1 Entoure l'image en bleu quand tu entends ch et en rouge quand tu entends j.

2 Barre l'intrus dans chaque ligne.

3 Écris ch ou j.

un ____ameau un ____ournal un don____on un ____ou

4 Écris la réponse de la devinette.

Il donne des informations : un ____________.

Consolidation

a – au – eau
an – am – ai – ain

1 Entoure les syllabes dans lesquelles tu vois la lettre **a**.

lapin	champignon	éléphant	autobus	maison	main	chapeau

Recopie ces mots dans les bonnes colonnes.

a	an	o	è	in

2 Écris les mots en t'aidant des syllabes.

mai dra son peau

pan bre da cham

une ______ un ______ une ______ un ______

3 Barre l'intrus dans chaque ligne.

manteau • montre • lampe • ampoule

oiseau • landau • râteau • moule

maison • craie • voile • éclair

main • viande • pain • poulain

4 Colorie les mots dans la grille.

ampoule
main
eau
pas

panda
âne
sac
lait

a	m	p	o	u	l	e
s	a	a	n	r	n	a
a	i	n	p	a	s	u
c	n	d	â	n	e	p
m	l	a	i	t	u	f

Consolidation

o – ou
oi – on – oin

1 Entoure les syllabes dans lesquelles tu vois la lettre **o**.

métro garçon toupie dinosaure étoile foin robot

Recopie ces mots dans la bonne colonne.

o		~~o~~	

2 Recopie ces mots dans la bonne colonne.

un tiroir • un savon • un pont • un autobus • moins • un ours
un moulin • un coiffeur • un rocher • loin

o	ou	on	oi	oin

3 Complète la grille de mots croisés.

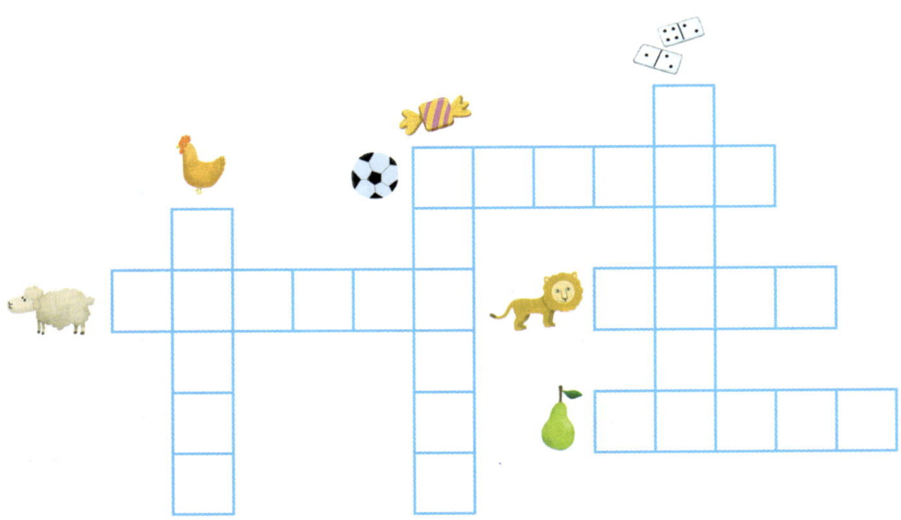

Consolidation

ien/ein – ion/oin ian/ain

1 Écris ion ou oin.

un av______ • le l______tain • m______s • la rég______

un p______ • p______ter • un cam______ • un c______

2 Écris ien ou ein.

c'est pl______ • un optic______ • une empr______te

un ch______ • un physic______ • p______dre • le m______

un magic______ • une c______ture • un fr______

3 Écris ian ou ain.

un mend______t • la v______de • le lendem______

un cop______ • un tr______gle • du p______ • la m______

un tr______ • un poul______ • un étud______t

4 Colorie les mots dans la grille.

A	C	R	T	A	A
C	H	I	E	N	M
U	A	E	M	N	O
E	T	N	O	O	I
C	A	M	I	O	N
P	I	O	N	I	S
U	N	D	R	M	R

chien
châtain
rien
camion
moins
témoin
pion

Illustrations

Sébastien Chebret : l'ensemble des illustrations des pages 6 à 26, 28 à 52, 54 à 73, 75 à 78, 80 à 93, 95 à 101, 105 à 116, 118-119, 122 à 126.

Léa Fabre : pp. 16 (dentifrice), 17 (parfum), 31 (ville), 44 (emballage, éventail), 48 (horizon), 62 (classeur), 70 (pharaon, pharmacien), 76 (imperméable), 95 (classeur, glace), 98 et 105 (musicien), 106 (groseille), 108 (éventail), 112 (xylophone, houx), 115 (chorale, orchidée), 116 (parfum, aquarium), 118 (ville).

Conception de la maquette intérieure : Anne-Danielle Naname
Mise en page : Mediamax
Conception de la couverture : Frédéric Jély
Illustrations de la couverture : Sébastien Chebret
Responsable artistique : Julie Lannes
Direction éditoriale : Pascale Costet
Édition : Cécile Quintard
Relecture : Alexandra Rousselle
Fabrication : Cédric Mathieu

Achevé d'imprimer en février 2020
par Grafica Veneta
N° d'éditeur : 10250550
Dépôt légal : Février 2020

Bilan 1, exercice 5 page 27

Bilan 2, exercice 5 page 53

Bilan 3, exercice 3 page 78

Bilan 4, exercice 3 page 104